Elena Denisova-Schmidt

Russlanddeutsche

Geschichte und Gegenwart

Zeitzeugen erzählen über
Heimat, Migration und Engagement

Российские немцы: история и современность

О родине, об эмиграции и общественной работе
рассказывают свидетели эпохи

Elena Denisova-Schmidt

RUSSLANDDEUTSCHE

Geschichte und Gegenwart

Zeitzeugen erzählen über
Heimat, Migration und Engagement

РОССИЙСКИЕ НЕМЦЫ: ИСТОРИЯ И СОВРЕМЕННОСТЬ

О родине, об эмиграции и общественной работе рассказывают
свидетели эпохи

ibidem-Verlag
Stuttgart

Bibliografische Information der Deutschen Nationalbibliothek
Die Deutsche Nationalbibliothek verzeichnet diese Publikation in der Deutschen Nationalbibliografie; detaillierte bibliografische Daten sind im Internet über http://dnb.d-nb.de abrufbar.

Bibliographic information published by the Deutsche Nationalbibliothek
Die Deutsche Nationalbibliothek lists this publication in the Deutsche Nationalbibliografie; detailed bibliographic data are available in the Internet at http://dnb.d-nb.de.

Coverbild: Westpreußen, Russlanddeutsche Flüchtlinge. Quelle: Bundesarchiv, Bild 137-037542 / CC-BY-SA (s. https://creativecommons.org/licenses/by-sa/3.0/de/deed.en)

Redaktion: Valerie Lange (Deutsch), Olga Volkotrubova (Russisch)

∞

Gedruckt auf alterungsbeständigem, säurefreien Papier
Printed on acid-free paper

ISBN: 978-3-8382-0830-5

© *ibidem*-Verlag
Stuttgart 2015

Printed in Germany

Für Jakob Schmidt

Einleitung

Die in Deutschland lebenden Russlanddeutschen werden von sehr vielen einheimischen Deutschen oft fälschlicherweise als „Russen" bezeichnet. Ein Grund dafür ist, dass es an Wissen über diese Bevölkerungsgruppe, ihre Geschichte sowie ihre gegenwärtige Situation mangelt. Dieses Wissen fehlte auch in der Sowjetunion, aus der die meisten Russlanddeutschen stammen. Dort wurden sie „Faschisten" genannt. Aber wer sind eigentlich diese Menschen? Warum haben sie deutsche Nachnamen und sprechen dennoch mit russischem Akzent? In diesem Buch werden diese und andere Fragen exemplarisch erläutert.

Das vorliegende Manuskript basiert auf 15 biographischen Interviews mit Russlanddeutschen aus der Region Hochrhein/Schwarzwald (Baden-Württemberg). Sie erzählen ihre Familiengeschichten, berichten über ihr Leben in der UdSSR, ihre Umsiedlung sowie ihre Integration in Deutschland.

Neben der gemeinsamen Geschichte verbindet diese Menschen eine gemeinsame Vereinsarbeit. Sie engagieren sich ehrenamtlich für den deutschen Verein „Zukunft für Ritschow/Leben nach Tschernobyl in der Region Gomel/Belarus e. V.". Als Gasteltern nehmen sie Kinder und Jugendliche aus der Tschernobyl-Region während der Sommerferien auf; als Tischler fahren sie nach Weißrussland und sanieren ein Schulgebäude in einem dortigen Dorf; als Dolmetscher und Übersetzer helfen sie bei der Korrespondenz und bei der Organisation verschiedener Veranstaltungen; als Kenner der russischen Kultur sind sie immer zur Stelle, um mögliche interkulturelle Missverständnisse zu vermeiden. Ohne die russlanddeutschen Vereinsmitglieder und Vereinsfreunde wäre die Tätigkeit des Vereins sowohl in Deutschland als auch in Weißrussland kaum möglich.

Вступление

Коренные немцы часто называют российских немцев, живущих в Германии, «русскими», поскольку знание об этой группе людей, какая-либо достоверная информация о ее прошлом, а также о настоящем в большинстве случаев просто отсутствуют. Этого знания также не было и в Советском Союзе, откуда в основном приехала большая часть российских немцев. Там их называли «фашистами». Кто, собственно говоря, эти люди? Почему у них немецкие фамилии, но говорят они с русским акцентом? В данной книге будут даны ответы на эти и другие вопросы.

Рукопись основывается на 15 биографических интервью с российскими немцами из региона Хохрейн/Шварцвальд (Баден-Вюртемберг). В них они повествуют о своих семейных историях, своей жизни в СССР, переселении, а также об интеграции в Германии.

Кроме общей истории, этих людей связывает еще и общая общественная работа в одной некоммерческой организации. В качестве волонтеров они трудятся на благо объединения «Будущее для Ричева/Жизнь после чернобыльской катастрофы в Гомельской области/Беларусь».

В качестве гостевых родителей они принимают у себя детей и подростков из Чернобыльского региона на время летних каникул; в качестве столяров они едут в Белоруссию и ремонтируют здание школы в деревне Ричев; в качестве переводчиков они помогают при ведении корреспонденции и в организации различных мероприятий; в качестве знатоков русской культуры они всегда готовы помочь для избежания каких-либо межкультурных недоразумений. Без российских немцев, членов и друзей общества, деятельность организации едва была бы возможна как в Германии, так и в Белоруссии.

So ist es Vera Freidenberger zu verdanken, dass bekannt wurde, unter welch schweren Bedingungen ein Gastkind aufwächst: mit einer behinderten kleineren Schwester und einer alkoholkranken Mutter. Nur mit diesem Wissen konnte der Verein Hilfe leisten. Die kleinere Schwester wird jetzt in einem Heim von qualifizierten Pädagogen betreut und von Ärzten behandelt. Der Verein hat mit seiner Hilfe dazu beigetragen, dass die Mutter nicht mehr alkoholabhängig ist. Vera Freidenberger ist selbst Russin. Sie kam mit ihrem russlanddeutschen Mann, Alexander Freidenberger, nach Deutschland.

Neben einheimischen Ärztinnen und Ärzten werden die weißrussischen Kinder und Jugendlichen von Frau Dr. Irina Drobach und Herrn Dr. Viktor Mil untersucht. Ein Gespräch in der Muttersprache der kleinen Patientinnen und Patienten hilft enorm, um Hemmungen und Blockaden zu überwinden.

Dieses Buch erhebt nicht den Anspruch, fundierte wissenschaftliche Untersuchung zu sein. Das Ziel dieser Veröffentlichung ist es, einige Wissenslücken über Russlanddeutsche zu schließen sowie die Motivation dieser Menschen zum ehrenamtlichen Engagement – einer Tätigkeit, die es in dieser Form in der Sowjetunion nicht gab – zu verstehen. Was meine persönliche Motivation angeht, so gehöre ich zu denjenigen Russen, denen die Geschichte der Russlanddeutschen nicht bekannt war und die die Deutschen, die in der Sowjetunion lebten, eher als Nachfahren der gefangenen Wehrmachtssoldaten und Offiziere betrachteten. Mein späterer Mann, Alexander Schmidt, ein Russlanddeutscher, den ich in Berlin kennenlernte, hat mich ‚aufgeklärt‘. Besonders hat mich die Geschichte seines Großvaters, Jakob Schmidt, berührt. Jakob arbeite am Aufbau eines Betriebes in Nishni Tagil, in der Nähe meines Heimatortes im Ural, mit. Die Arbeitsbedingungen seien so schlecht gewesen, dass seine Frau ihn nicht mehr wiedererkannte, als er nach Hause kam. Sie erwartete einen noch jungen, nicht einmal 40-jährigen Mann: Doch vor sich sah sie einen Alten von vielleicht 60 Jahren. Dieses Buch widme ich ihm.

Так, например, благодаря Вере Фрейденбергер стало известно, в каких тяжелых условиях живет один гостевой ребенок в Белоруссии: младшая сестра – инвалид, а мать – алкоголичка. Организация смогла вовремя предпринять нужные шаги. Теперь о младшей сестре заботятся квалифицированные педагоги в интернате и она находится под наблюдением врачей. Также, благодаря помощи фонда, мать избавилась от алкогольной зависимости. Сама Вера Фрейденбергер – русская. Она приехала в Германию со своим мужем, российским немцем, Александром Фрейденбергером.

Кроме местных немецких врачей белорусских детей и подростков обследуют и специалисты, приехавшие из бывшего СССР, это Ирина Дробах и Виктор Миль, российские немцы. Беседа на родном языке помогает маленьким пациентам преодолеть психологический барьер и дискомфорт.

Книга не ставит своей целью серьезное научное исследование. Идея проекта заключается, скорее всего, в том, чтобы кратко представить историю российских немцев, а также понять мотивацию этих людей в их общественной работе – деятельности, которой в такой форме в Советском Союзе не было. Что касается моей личной мотивации, то я тоже принадлежу к тем русским, которым не была известна история российских немцев и которые смотрели на всех немцев, живущих в бывшем Советском Союзе, скорее всего, как на потомков пленных солдат и офицеров вермахта. Мой муж, российский немец – Александр Шмидт, с которым я познакомилась позже в Берлине, меня «просвятил». Особенно меня поразила история его дедушки, Якова Шмидта. Он принимал участие в строительстве предприятия в Нижнем Тагиле, недалеко от моего родного города на Урале. Условия труда были настолько тяжелыми, что, когда он пришел домой, его жена едва ли узнала его: она ждала молодого мужчину, которому не исполнилось и 40, а перед ней стоял старик лет 60. Эту книгу я посвящаю ему.

Ich bedanke mich bei Dr. Olga Bascharina, Hadwig Hermann, Ekaterina Igolkina, Prof. Dr. Elvira Leontyeva, Albrecht Neumann, Alla Schmid und Adel Shabalina, die mir bei der Erstellung des Manuskripts geholfen haben. Ich bedanke mich auch bei allen meinen Interviewpartnerinnen und -partnern für ihre Zeit und die Bereitschaft, über ihre nicht immer einfachen Schicksale mit mir zu sprechen. Herrn Holger Werner vom Bundesverwaltungsamt sowie Frau Jutta Weber von der Beauftragten der Bundesregierung für Kultur und Medien sind besonders für die Betreuung meines Projektes zu danken.

St. Gallen, im April 2015
Dr. Elena Denisova-Schmidt

Я благодарна Ольге Башариной, Хадвиг Херманн, Екатерине Иголкиной, Эльвире Леонтьевой, Альбрехту Нойманну, Алле Шмид и Адели Шабалиной за их помощь при создании этой рукописи. Я также благодарна всем своим респондентам за их интервью и за время, уделенное этому, а также за готовность поведать мне об их, не всегда простых, судьбах. Хольгера Вернера из Федерального административного ведомства и Ютту Вебер из администрации уполномоченной федерального правительства в области культуры и средств массовой информации особенно хочу поблагодарить за кураторство моего проекта.

Санкт-Галлен, апрель 2015,
Елена Денисова-Шмидт

Inhaltsverzeichnis

Оглавление

Verein ‚Zukunft für Ritschow/Leben nach Tschernobyl in der Region Gomel/Belarus'

www.ritschow.de

Der gemeinnützige Verein ‚Zukunft für Ritschow/Leben nach Tschernobyl in der Region Gomel/Belarus' wurde im Jahr 2007 durch Hedwig Müller ins Leben gerufen. Ritschow in Weißrussland (Belarus) ist eines der Dörfer, die im Umkreis von 200 Kilometern oder weniger um die ukrainische Stadt Pripjat' liegen. Unmittelbar bei Pripjat' ereignete sich am 26. April 1986 das Unglück im Kernkraftwerk Tschernobyl. Mehrere Regionen in der Ukraine, Weißrussland und Russland waren besonders von den Auswirkungen dieser Katastrophe betroffen.

Die Folgen des Unglücks betrafen vor allem den Gesundheitszustand der Einwohner dieser Regionen: Es traten vermehrt Schädigungen bei Neugeborenen auf (angeborene Missbildungen und hohe Kindersterblichkeitsrate), Immunschwäche, Herz-Kreislauf-Erkrankungen, Schilddrüsenkrebs und andere Krebserkrankungen.

Der Verein ‚Zukunft für Ritschow' betreibt mehrere Projekte zur Entwicklung der Infrastruktur in Ritschow – zum Beispiel den Bau eines Kindergartens, die Instandsetzung der Turnhalle und des Schulspeisesaals –, aber auch zur Schaffung zusätzlicher Angebote für die Kinder und Jugendlichen des Dorfs (zum Beispiel Sommerurlaube und medizinische Untersuchungen in Deutschland, Weiterbildungsmöglichkeiten in Weißrussland).

Общественная организация «Будущее для Ричева/Жизнь после Чернобыля в Гомельской области, Беларусь»

www.ritschow.de

Общественная организация «Будущее для Ричева/Жизнь после Чернобыля в Гомельской области, Беларусь» была основана в 2007 году Хедвиг Мюллер. «Ричев» – это название одной из деревень, расположенной примерно в 200-х километрах от города Припять, где 26 апреля 1986 года произошла авария на Чернобыльской АЭС. В результате катастрофы особенно пострадали некоторые районы Украины, Белоруссии и России.

Последствия трагедии серьезно отразились на здоровье жителей этого региона: проблемы у новорождённых (врождённые патологии и высокая детская смертность), снижение иммунитета, сердечнососудистые заболевания, рак щитовидной железы и другие онкологические заболевания.

Организация «Будущее для Ричева» осуществляет различные проекты, направленные на развитие инфраструктуры Ричева, например строительство детского сада, ремонт спортзала и школьной столовой, а также на создание дополнительных возможностей для детей и подростков деревни, например летний отдых и медицинское обследование в Германии, получение дальнейшего образования в Белоруссии.

Überblick:
Die Geschichte der Russlanddeutschen

Von jeher haben Deutsche in Russland gelebt und gearbeitet. Erste Erwähnungen der Deutschen[1] in Russland stammen aus der Zeit der Kiewer Rus (Ende des 9. Jahrhunderts). Meist handelte es sich um Bauleute, Kaufleute oder Geistliche. Während der Herrschaft des Zaren Iwans III. (1440-1505) begannen auch solche Menschen nach Russland zu reisen, die das Kriegshandwerk beherrschten. Besonders begehrt waren Waffenschmiede und Handwerker, aber auch Spezialisten im Minenlegen. Deren Kenntnisse waren vor allem während der Kämpfe gegen die Tataren gefragt.[2] In der zweiten Hälfte des 16. Jahrhunderts existierte in Moskau sogar die so genannte „Deutsche Vorstadt", eine große, von Deutschen bewohnte Siedlung. Die meisten Einwohner dort waren deutsche Söldner. Doch nicht nur in Moskau lebten Deutsche. In Sankt Petersburg wurde beispielsweise 1724 die Akademie der Wissenschaften gegründet. 67 der damals insgesamt 111 Akademiemitglieder waren Deutsche. Überhaupt wirkte eine große Anzahl Deutscher beim Aufbau der Stadt an der Newa aktiv mit.[3] Die städtische Bauleitung lag in den Händen von Andreas Schlüter. Dieser deutsche Baumeister war der Schöpfer einer Vielzahl von künstlerischen Kostbarkeiten, darunter des berühmten Bernsteinzimmers (Museum für russlanddeutsche Kulturgeschichte[4]).

---

[1]   Die russische Bezeichnung für „Deutscher" stammt von dem russischen Wort für „stumm" ab, es steht also für einen Menschen, der nicht (russisch) sprechen kann.

[2]   Das tatarisch-mongolische Joch bestand von 1237 bis 1480.

[3]   Sankt Petersburg wurde 1703 gegründet.

[4]   http://russlanddeutsche.de/menu/veranstaltungen/aktuelle-veranstaltungen.html#20_1429258897158. Letzter Besuch am 17.04.2015.

Краткая история российских немцев

В России немцы жили и работали всегда. Впервые немцы[5] упоминаются еще в период Киевской Руси (конец IX века). Это были, как правило, строители, торговцы или религиозные деятели. Во времена царствования Ивана III (1440-1505) в Россию стали приезжать и знатоки военного дела. Особенной популярностью пользовались оружейные мастера и ремесленники, а также специалисты по закладке мин. Профессионализм последних был часто востребован в борьбе с татарами.[6] Во второй половине XVI века в Москве даже появилась так называемая немецкая слобода – крупное поселение немцев, большую часть которых представляли наемные солдаты. Но немцы жили не только в Москве. Так, например, в 1724 году в Санкт-Петербурге была создана Академия наук. Среди ее первых 111 членов на тот момент 67 были немцами. Вообще, в становлении города на Неве[7] немцы принимали очень активное участие. Руководил строительством города Андреас Шлютер. Этот немецкий архитектор является автором многих шедевров, в том числе и знаменитой янтарной комнаты (Museum für russlanddeutsche Kulturgeschichte).

---

[5]   Слово «немец» происходит от слова «немой», т.е. человек неспособный говорить (на русском языке).

[6]   Татаро-монгольское иго длилось с 1237 по 1480 год.

[7]   Санкт-Петербург был основан в 1703 году.

Über die Jahrhunderte waren Russland und Deutschland oft durch verwandtschaftliche Beziehungen zwischen der jeweiligen Zarenfamilie und dem deutschen Adel miteinander verbunden. Allein zwischen der Familie der Romanows und dem Königreich Württemberg wurden fünf Ehen geschlossen[8]. Die berühmteste Deutsche auf dem russischen Thron war natürlich Katharina die Große (1729-1796), die als deutsche Prinzessin Sophie Auguste Friederike von Anhalt-Zerbst geboren wurde. Ihr Manifest aus dem Jahr 1763 markierte den Beginn der großen Einwanderungswelle von Deutschen nach Russland. Die Deutschen erschlossen neue Landesteile und sollten eine Vorbildrolle für die russischen Bauern in Bezug auf gutes Arbeiten einnehmen. Ihre Ansiedlungen bildeten zudem eine Art von „lebendiger Grenze" und sollten das Russische Reich gegen mögliche Einfälle asiatischer Völker schützen. Die öffentliche Propaganda versprach den Ankömmlingen jedoch vor allem dies: kostenlose Bewirtschaftung des Landes mit der Möglichkeit des Kaufs, Freistellung vom Wehrdienst, Glaubensfreiheit sowie einige weitere Privilegien. Zur damaligen Zeit waren diese Anreize für die Deutschen äußerst attraktiv. Nach einer Statistik über die Zeit von 1763 bis 1767 siedelten etwa 27.000 Menschen oder 8.000 Familien aus Deutschland, vor allem Hessen, nach Russland aus. Die meisten von ihnen ließen sich in der Stadt Saratow oder in ihrem Umland am Ufer der Wolga nieder. Das zweite Manifest, das von Alexander I. (1777-1825) im Jahr 1804 herausgegeben wurde, löste die zweite Ausreisewelle von Deutschland nach Russland aus. Diesmal war es vor allem die Region am Schwarzen Meer, wohin die Westpreußen, Schwaben, Rheinländer und Pfälzer zogen (Kompetenzzentrum für Integration).

---

[8] Katharina Pawlowna Romanowa (1788-1819) und Olga Nikolajewna Romanowa (1822-1892), russische Zarentöchter, heirateten württembergische Könige. Wilhelm von Württemberg (1781-1864) wurde 1816 der Ehemann von Katharina Pawlowna, während Olga Nikolajewna 1846 Karl von Württemberg (1823-1891) heiratete. Sophie Dorothee Auguste Luise Prinzessin von Württemberg (1759-1828) heiratete im Jahr 1776 Paul I. (1754-1801). Den jüngsten Sohn des Paares, Michael Pawlowitsch Romanow (1798-1849), heiratete 1824 Friederike Charlotte Marie von Württemberg (1807-1873). Wera Konstantinowna Romanowa (1854-1912) heiratete 1874 Eugen von Württemberg (1846-1877) (Landesmuseum Württemberg).

Россию и Германию часто связывали и родственные узы между представителями царских семей и семей немецкого дворянства. Так, только между семьей Романовых и королевством Вюртембергским было заключено пять браков[9]. Самой знаменитой немкой на российском престоле была, конечно же, Екатерина Великая, немецкая принцесса София Августа Фредерика Ангальт-Цербстская (1729–1796). Это именно она в 1763 году своим манифестом положила начало большой волне эммиграции немцев в Россию. Кроме освоения новых земель и создания наглядного примера хорошей работы российским крестьянам, немцы становились своего рода живой границей и должны были «защищать» территории Российской империи от возможного нашествия азиатских народов. Но официальная агитация обещала приезжающим в первую очередь следующее: бесплатное использование земли с возможностью ее выкупа, освобождение от воинской обязанности, свободу вероисповедания и некоторые другие льготы. Это были очень хорошие стимулы для немцев того времени. Согласно статистике в период с 1763 до 1767 года из Германии (в основном из Гессена) в Россию переехало примерно 27.000 человек или 8.000 семей. Большая часть приехавших поселились в городе Саратове и в его окрестностях на берегу реки Волги. Второй манифест, изданный уже Александром I (1777–1825) в 1804 году, вызвал вторую волну эммиграции из Германии в Россию. На этот раз это был в основном регион Черного моря, где поселились западные пруссаки, швабы, а также жители Рейнской области и Пфальца (Kompetenzzentrum für Integration).

---

[9] Екатерина Павловна Романова (1788–1819) и Ольга Николаевна Романова (1822–1892), дочери русских царей, вышли замуж за королей Вюртембергских. Вильгельм Вюртембергский (1781–1864) стал мужем Екатерины Павловны в 1816 году, а мужем Ольги Николаевны с 1846 года был Карл Вюртембергский (1823–1891). София Мария Доротея Августа Луиза Вюртембергская (1759–1828) в 1776 году вышла замуж за Павла I (1754–1801). За их младшего сына, Михаила Павловича Романова (1798–1849) в 1824 году вышла замуж Фредерика Шарлотта Мария Вюртембергская (1807–1873). Вера Константиновна Романова (1854–1912) в 1874 году вышла замуж за Евгения Вюртембергского (1846–1877) (Landesmuseum Württemberg).

Auf diese Weise bildete sich auf dem Gebiet des Russischen Reichs und der späteren Sowjetunion die robuste Gruppe der ethnischen Deutschen heraus. Nach einer Volkszählung von 1897 lebten 987.000 Deutsche im Land: 390.000 an der Wolga, 342.000 in Südrussland, 237.000 im Westen Russlands und 18.000 in Moskau. 1926 gab es bereits 1,2 Millionen Deutsche im Land und 1939 waren es 1,6 Millionen. So viele Deutsche gab es auch 1959, bevor die Zahl der Deutschen bis 1989 sogar noch auf 2 Millionen anstieg. Dies entsprach einem Anteil von knapp 1 % an der Gesamtbevölkerung der Sowjetunion.

Meist lebten die Deutschen in homogenen deutschen Siedlungen, in denen sie ihre Kultur, ihre Sprache und ihre Religion pflegen konnten (Protestanten, Katholiken, Mennoniten und Baptisten). Gegen Ende des 19. Jahrhunderts begann ein Prozess der Russifizierung, mit welchem viele Privilegien für die Deutschen entfielen. 1874 wurde die allgemeine Wehrpflicht für Männer eingeführt, was unter den Mennoniten zu Unmut und schließlich ihrer Abwanderung führte. Sie zogen nun weiter, vor allem in die USA, nach Kanada und Argentinien. 1891 wurde das Erlernen der russischen Sprache an allen deutschen Schulen im Russischen Reich zur Pflicht. Die instabile politische Lage in Russland und die Revolution von 1905 verursachten einen weiteren Wegzug der Deutschen. Zwischen 1901 und 1911 wanderten etwa 100.000 Deutsche nach Amerika aus.

Nach dem Ausbruch des Ersten Weltkriegs (1914-1918) erlebten viele in Russland ansässige Deutsche zum ersten Mal Hass und Gewalt, vor allem aus dem rechten Lager. Obwohl auch die Deutschen in der Armee des Zaren dienten[10], wurden diejenigen, die in der Nähe der Kriegsschauplätze lebten, nach Sibirien deportiert. Von dieser Umsiedlung waren mehr als 200.000 Deutsche aus Wolhynien betroffen[11].

---

[10]   Während des Ersten Weltkriegs dienten zirka 300.000 Deutsche in der Armee des Zaren als Sanitäter und Arbeitssoldaten.

[11]   Heute gehört Wolhynien zum westlichen Territorium der Ukraine (Kompetenzzentrum für Integration).

Таким образом, на территории Российской империи, а позже – Советского Союза постепенно формировалась устойчивая группа этнических немцев. Согласно переписи населения, в 1897 году в стране проживало 987.000 немцев: 390.000 – на Волге, 342.000 – на юге России, 237.000 – на западе России и 18.000 в Москве. В 1926 году в стране проживало уже 1.2 миллиона немцев, в 1939-м – 1.6 миллиона, столько же немцев было и в 1959-м, тогда как в 1989-м число немцев превысило 2 миллиона, что составляло менее 1% граждан всего СССР.

Немцы жили чаще всего в гомогенных немецких поселениях, где у них была возможность развивать и поддерживать свои язык, культуру и вероисповедание (протестантизм, католицизм, меннонитство и баптизм). В конце XIX века начался процесс руссификации и отмены многих привилегий для немцев. Так, в 1874 году была введена обязательная служба в армии для мужчин, что вызвало недольство и скорый отъезд меннонитов. Они устремились в основном в США, Канаду и Аргентину. В 1891 году было введено обязательное изучение русского языка во всех немецких школах Российской империи. Нестабильная политическая ситуация в стране, революция 1905 года вызвали новый отток немцев из страны. В период с 1901-го до 1911-й около 100.000 немцев эммигрировали в Америку.

После начала Первой мировой войны (1914-1918) немцы, живущие в России, впервые ощутили на себе ненависть и насилие, особенно со стороны правых сил. Несмотря на то, что немцы служили в царской армии[12], те из них, кто жил на границе военных действий были депортированы в Сибирь. Это переселение коснулось более 200.000 немцев, проживающих на территории Волыни[13].

---

[12] Во время Первой мировой войны около 300.000 немцев служили в царской армии в качестве санитаров и рабочих.

[13] Волынь сегодня – это территория западной Украины (Kompetenzzentrum für Integration).

Später, im Jahr 1924, wurde die Autonome Sozialistische Sowjetrepublik der Wolgadeutschen[14] gegründet, die bis 1941 bestand. Diese Zeit war nicht nur für die Deutschen, sondern auch für viele andere Bewohner dieses jungen Staates eine der schwersten in der Geschichte der Sowjetunion, verbunden mit der Entkulakisierung[15] und den Stalinschen Säuberungen[16].

Der Krieg zwischen dem nationalsozialistischen Deutschland und der Sowjetunion hatte besonders gravierende Auswirkungen auf das Schicksal der Russlanddeutschen. Hitler sah in ihnen potenzielle Unterstützer, für Stalin stellten sie eine mögliche Bedrohung dar. Aus diesem Grund wurden die Russlanddeutschen nach Sibirien sowie in andere Teile der Sowjetunion deportiert und dort in Siedlungen mit Sonderverwaltung untergebracht (Kommandantur)[17]. Dort mussten sie in Arbeitslagern oder in der Arbeitsarmee verschiedenste Arten von Schwerstarbeit verrichten. Erst zwei Jahre nach dem Tod Stalins durften die Deutschen 1955 diese Lager verlassen.[18] Ihnen stand es nun frei, wieder in ihre deutschen Siedlungen zurückzukehren, doch ihr Eigentum war bereits vom Staat beschlagnahmt und an andere Bedürftige verteilt worden.

---

[14]   Heute ist dies das Territorium der Gebiete Wolgograd und Saratow.

[15]   Entkulakisierung: Prozess in den Jahren der Kollektivierung: Den wohlhabenderen Bauern (Kulaken) wurden ihre Produktionsmittel, Landnutzungsrechte und politischen Rechte entzogen (1928-1937).

[16]   Stalinsche Säuberungen: Politische Repressionen während der Regierungszeit von J. W. Stalin (1922-1953). Der „Große Terror" war eine Zeit massenhafter Repressionen und Verfolgungen in den Jahren 1937 und 1938.

[17]   Erlass des Präsidiums des Obersten Sowjets der UdSSR „Über die Umsiedlung der in den Landkreisen des Wolgagebiets lebenden Deutschen" vom 28.08.1941.

[18]   Erlass des Präsidiums des Obersten Sowjets der UdSSR „Über die Aufhebung der Niederlassungsbeschränkungen für Deutsche und ihre Familienmitglieder, die in Sondersiedlungen leben" vom 13.12.1955.

Позже, в 1924 году, была создана Автономная Советская Социалистическая Республика Немцев Поволжья[19], которая просуществовала до 1941 года. За это время немцы, как и многие другие жители молодого государства, пережили сложные моменты в истории Советского Союза: раскулачивание[20] и сталинские чистки[21].

Война между нацистской Германией и Советским Союзом особенно отразилась на судьбах российских немцев. Гитлер рассматривал их в качестве своих потенциальных сторонников, чего, конечно же, не мог допустить Сталин. Поэтому российские немцы были депортированы в Сибирь и в другие регионы Советского Союза в специальные поселения (комендатуры)[22]. Там в трудовом лагере или в трудовой армии (трудармия) они должны были выполнять различные тяжелые работы. Лишь через два года после смерти Сталина в 1955 году российские немцы смогли покинуть эти лагеря.[23] У них появилась возможность вернуться назад в свои немецкие поселки, но их собственность была уже конфискована органами власти и распределена между другими нуждающимися.

---

[19]   Сегодня это территория Волгоградской и Саратовской областей.

[20]   Раскулачивание – процесс лишения успешных крестьян (кулаков) средств производства, права пользования землей и политических прав в годы коллективизации (1928-1937).

[21]   Сталинские чистки – политические репрессии во время правления И.В. Сталина (1922-1953). «Большой террор» – время массовых репрессий и преследований приходится на 1937-1938 годы.

[22]   Указ Президиума Верховного Совета СССР «О переселении немцев, проживающих в районах Поволжья» от 28.08.1941 года

[23]   Указ Президиума Верховного Совета СССР «О снятии ограничений в правовом положении с немцев и членов их семей, находящихся на спецпоселении» от 13.12.1955 года.

Noch in dieser Zeit unternahm der deutsche Bundeskanzler Konrad Adenauer größte Anstrengungen, um den Russlanddeutschen die Rückkehr in ihre historische Heimat zu ermöglichen: Die „Aufnahme von Personen, die nach dem Zweiten Weltkrieg aufgrund ihrer deutschen Volkszugehörigkeit geschädigt wurden", wurde 1953 im Bundesvertriebenengesetz geregelt. Einige von ihnen konnten bereits damals ausreisen, die Mehrheit jedoch erst nach dem Zerfall der Sowjetunion (1991): Zwischen 1929 und 1991 musste jede Ausreise aus der UdSSR durch die Staatssicherheitsbehörden NKWD und später KGB genehmigt werden, was aus ideologischen Gründen jedoch kaum geschah (Mlečin, 2014). Denn die sowjetische Führung konnte nicht zulassen, dass Menschen aus Unzufriedenheit die UdSSR verließen, weil dies mit dem offiziellen Selbstverständnis der Sowjetunion und dem gesamten gesellschaftlichen System nicht vereinbar war. Zudem sollten die Bürger keinen direkten Vergleich mit dem Westen aufstellen können und keiner antisowjetischen Propaganda ausgesetzt sein, die es in den Ländern des Westens geben könnte.

Еще в то время первый канцлер ФРГ, Конрад Аденауэр, сделал все возможное для того, чтобы российские немцы смогли вернуться на свою историческую родину: прием лиц, пострадавших из-за принадлежности к немецкому народу в результате Второй мировой войны и ее последствий был отрегулирован Федеральным законом об изгнанных в 1953 году. Некоторые из них смогли приехать еще тогда, но большинство только после развала Советского Союза (1991). Любой выезд из СССР в период с 1929 по 1991 год сначала должен был быть одобрен службами госбезопасности – НКВД и позднее КГБ, что по идеологическим причинам было вряд ли возможно (Млечин, 2014). Руководство СССР не могло допустить, чтобы граждане покидали страну из-за недовольства, ведь это бы противоречило устройству и общей системе Советского Союза. Более того, у граждан не должно было быть возможности прямого сравнения с Западом и потенциального воздействия антисоветской пропаганды.

Empirische Untersuchung

Als Verfahren zur Datenerhebung wurde für diese Untersuchung das biografische Leitfadeninterview (Kruse, 2014) mit mehreren Themenblöcken genutzt:

- Das Leben in der UdSSR: Familie, Ausbildung, Hobbys, Freunde und Religion;
- „Deutscher" in der UdSSR zu sein: Deportation 1941, Arbeitslager, die Möglichkeit bzw. Schwierigkeit des Umzugs zurück an die Wolga oder nach Deutschland, eventuelle Diskriminierung im Alltag, in der Ausbildung und am Arbeitsplatz;
- das Leben in Deutschland: Übersiedlung, Selbstfindung (in der UdSSR ein „Deutscher", in Deutschland ein „Russe"), Schwierigkeiten bei der Integration (Sprache, andere Spielregeln im Leben), die Möglichkeit/Schwierigkeit/der Wunsch, nach Russland oder in die GUS-Staaten zurückzukehren, eventuelle Diskriminierung im Alltag, in der Ausbildung und am Arbeitsplatz;
- die ehrenamtliche Tätigkeit: Kontinuität, konkrete Aufgaben, Motivation (die Möglichkeit zur Pflege der russischen Sprache und Kultur; der Wunsch, ehemaligen Landsleuten zu helfen; die Möglichkeit, die einheimischen Deutschen näher kennenzulernen; neue Identifikation).

In den Jahren 2013 und 2014 führte ich insgesamt 15 Interviews durch. All diese Interviews fanden im häuslichen Umfeld statt: Entweder zu Hause bei den Befragten oder bei mir. Nur ein Teilnehmer zog es aufgrund seines Arbeitspensums vor, meine Fragen schriftlich zu beantworten. Die Interviews fanden je nach Wunsch des Befragten in russischer und deutscher Sprache statt. Manchen Befragten fiel es leichter, über ihr früheres Leben auf Russisch zu erzählen. Wenn hingegen das Leben in Deutschland thematisiert wurde, fiel es manchen Interviewpartnern schwer, die richtige russische Bezeichnung für manche Ausdrücke zu finden, und sie gingen lieber zum Deutschen über.

Эмпирическое исследование

В качестве метода сбора данных я использовала полуструктурированные биографические интервью (Kruse, 2014), включающие в себя несколько тематических блоков:

- жизнь в СССР: семья, образование, увлечения, друзья и религия;
- «немец» в СССР: депортация в 1941 году, трудармия, возможность/сложность переехать обратно на Волгу или в Германию, возможная дискриминация в быту, в учебе, на рабочем месте;
- жизнь в Германии: переезд, поиски самого себя (в СССР – «немец», в Германии – «русский»), сложности интеграции (язык, другие правила игры), возможность/сложность/желание переехать обратно в Россию и страны СНГ, возможная дискриминация в быту, в учебе, на рабочем месте;
- общественная работа: продолжительность, конкретные задания, мотивация (возможность поддержки русского языка и культуры, желание помочь бывшим соотечественникам, возможность поближе познакомиться с коренными немцами, новая идентификация).

За период 2013–2014 годов мне удалось провести 15 интервью. Все они проходили в домашней обстановке: либо дома у респондентов, либо – у меня. Только один респондент в силу своей занятости предложил ответить на все мои вопросы письменно. Интервью проходили на русском и немецком языках, по выбору респондента. Участникам проекта было иногда удобней говорить о своей прошлой жизни на русском языке. Говоря же о жизни в Германии, некоторые испытывали трудности в подборе правильных языковых эквивалентов, поэтому часто переключались на немецкий язык.

Dies betraf zum Beispiel den Vorgang, sich zu „bewerben" (eine Bewerbung abgeben, beispielsweise während der Arbeitssuche): In der Sowjetunion gab es ein Verteilungssystem, mit dem jedem Absolventen einer Ausbildungsstätte oder Hochschule ein Arbeitsplatz garantiert wurde. Außerdem galt in der Sowjetunion von 1961 bis 1991 ein Gesetz gegen Arbeitsverweigerung, wonach jeder Bürger zur Arbeit verpflichtet war. Viele Unternehmen und Einrichtungen schufen künstlich Arbeitsplätze, um der Bevölkerung Beschäftigungsmöglichkeiten zu geben (Lastovka, 2012). Aus diesem Grund war niemand im westlichen Sinne arbeitssuchend – deshalb gab es auch den Vorgang, den man in Deutschland unter „Bewerbung" versteht, nicht. Ähnliche Schwierigkeiten gab es mit dem Ausdruck „sich anmelden", der im Russischen fast immer amtlichen Charakter hat. Eine der Familien, die ich interviewte, wurde von ihren Nachbarn zu einer Weihnachtsfeier eingeladen. Dabei sollten sie sich „anmelden" und den Organisatoren mitteilen, was sie mitbringen würden – dieses Ritual unterscheidet sich vollkommen vom Alltag in der Sowjetzeit. Viele Interviewteilnehmer berichteten über ihre Ausbildung in Deutschland – „eine Ausbildung machen". Auch dies ist ein „schwieriger" Ausdruck, da die Berufsausbildung in Deutschland einen dualen Charakter besitzt, den es im sowjetischen Bildungssystem nicht gab. Noch eins ist ein „Lieblingswort" aller Russlanddeutschen: „Termin". Ohne Kontext ist dieses Wort schwer ins Russische zu übersetzen, da es sich hierbei um einen Termin beim Friseur ebenso handeln kann wie um einen Termin beim Arzt, um ein Treffen mit einem Kollegen oder um eine Vorladung bei Gericht. Für jedes dieser „Termin"-Beispiele wird im Russischen stets ein anderes Wort verwendet.

Alle Interviewgespräche wurden aufgezeichnet und nachfolgend transkribiert. Auf der Grundlage dieser Transkripte fand eine Kontextanalyse statt, bei der die überall präsenten und sich wiederholenden Gedankenblöcke hervortraten: „Das Leben bis zur Übersiedlung nach Deutschland", „Die Übersiedlung nach Deutschland und die Anpassung", „Die ehrenamtliche Tätigkeit". In dieser Reihenfolge wurden die Kapitel über jeden Interviewpartner in deutscher und russischer Sprache erstellt. Beide Textvarianten wurden mit den Projektteilnehmern abgestimmt. Auf Wunsch einiger Teilnehmer fanden nachträglich kleinere Änderungen an den Texten statt.

Например, sich bewerben (подать заявление, например, при устройстве на работу) – в Советском Союзе была система распределения, то есть каждому выпускнику училища, техникума или института было гарантировано рабочее место. Более того, в советское время был закон о тунеядстве (1961-1991), согласно которому каждый гражданин был обязан работать. Многие предприятия и организации искуственно создавали рабочие места, чтобы занять население (Lastovka, 2012). Поэтому никто не занимался поисками работы в западном смысле этого слова, то есть не было такого процесса как sich bewerben. Другая сложность была с выражением sich anmelden (записаться). Как раз одна из семей, с которой я проводила интервью, получила приглашение от соседей на празднование Weihnachten (Рождество) и они должны были записаться и сообщить организаторам, что они с собой принесут – ритуал, совершенно не свойственный повседневной жизни в советское время. Многие респонденты рассказывали о том, как получали образование в Германии – eine Ausbildung machen (получать образование) – еще одно «сложное» слово, потому что система средне-специального образования в Германии носит дуальный характер, чего не было в системе образования СССР. И еще одно «любимое» слово всех российских немцев – это Termin, слово, которое сложно перевести на русский язык без контекста, потому что это может быть и запись у парикмахера (Einschreibung bei einem Friseur), и талон у врача (Talon bei einem Arzt), и встреча с коллегой (Treffen mit einem Kollegen), и повестка в суд (Vorladung ins Gericht).

Во время всех интервью была сделана аудиозапись, которая затем была транскрибирована. На основе этих транскриптов был проведен контент-анализ и выявлены устойчивые и повторяющиеся смысловые блоки: «жизнь до переезда в Германию», «переезд в Германию и адаптация», «общественная работа». В такой последовательности были написаны главы о каждом респонденте на русском и немецком языках. Оба варианта текста были согласованы с участниками проекта. По желанию некоторых респодентов в тексты были внесены небольшие изменения.

Alexander Baev

Als ich noch klein war, sah ich im Fernsehen Tschernobyl und die Kinderheime. Mir taten all die Kinder leid, weswegen ich mich von Anfang an besonders für Kinder eingesetzt habe. Spannend war jedoch später auch, dass daraus Lehren für das weitere Leben gezogen werden können.

Alexander Baev wurde 1984 in Omsk in eine russisch-deutsche Familie geboren. 1999 zog er mit seiner Mutter und dem älteren Bruder nach Deutschland. In Russland hat er die Mittelschule abgeschlossen.

An sein Leben in Sibirien erinnert er sich so: „Uns ging es gut, es gab eigentlich von allem genug. Wir gingen Pilze und Beeren sammeln, unsere Datsche stand auf einem etwa 600 Quadratmeter großen Grundstück, wo wir ziemlich viel selbst anbauten. Wir haben dann Tomaten verkauft und Setzlinge, Gurken und so weiter – im Prinzip alles, was in Russland wächst."

Die Entscheidung, nach Deutschland überzusiedeln, fiel in der Familie der Mutter: „Mutters Verwandte waren schon alle in Deutschland, sie hatte Sehnsucht nach ihnen und sie bedrängten sie, doch endlich auch zu fahren."

Alexanders Mutter arbeitete nach der Fachschule in Omsk zunächst als Näherin, später dann in einem Kindergarten. „Nach unserer Geburt sagte sie: ‚Ich gehe lieber in den Kindergarten, dann habe ich die Kinder bei mir'", erinnert sich Alexander. Die letzten fünf Jahre vor dem Weggang nach Deutschland war die Mutter bei der Eisenbahn beschäftigt. Bereits damals war sie alleinerziehende Mutter von zwei Söhnen. Besonders schwer war es in den neunziger Jahren. Sie verdiente bei der Bahn ein Vielfaches mehr als im Kindergarten. Aber natürlich war die Arbeit hart: „Mutter musste die Räder auf Fehler und Beschädigungen überprüfen, Risse zum Beispiel."

Familie Baev kam in Hannover an und wurde danach in ein Lager für Aussiedler in Wutöschingen eingewiesen. Alexander und sein Bruder begannen umgehend eine Ausbildung:

Александр Баев

Когда я был маленьким, смотрел по телевизору, когда Чернобыль показывали. Мне жалко было всех детей, особенно в детских домах. Поэтому в первую очередь я делал всё для детей. Ну, а потом было ещё и интересно, это чему-то учит для дальнейшей жизни.

Александр Баев родился в 1984 году в Омске в русско-немецкой семье. В 1999 году переехал с мамой и со старшим братом в Германию. В России окончил неполную среднюю школу.

О своей жизни в Сибири вспоминает так: «Жили нормально, вроде бы всего хватало. Грибы собирали, ягоды собирали, дача своя была на шесть соток, мы очень много всего выращивали. Помидоры сами продавали, и рассаду продавали, огурцы и все. Все, что вообще растет в России, это мы продавали».

Решение о переезде в Германию было принято в семье мамы: «У мамы все родственники в Германии, они ее все тянули, говорили: давай езжай!».

Мама Александра после окончания техникума в Омске работала сначала швеей, а потом в детском саду. «Когда мы родились, она сказала: «Пойду я лучше в садик, буду с детьми рядом», вспоминает Александр. Правда, последние пять лет перед переездом в Германию мама работала на железной дороге. В то время она уже одна воспитывала двоих сыновей. В 90-е годы было особенно сложно. Зарплата на железной дороге была в несколько раз выше, чем в детском саду. Работа была, конечно, тяжелая: «Мама проверяла колеса на дефекты, чтобы ничего там не было, трещин например».

Семья Баевых сначала прилетела в Ганновер и затем была распределена в лагерь для переселенцев в Вутешингене. Александр и его брат сразу же пошли учиться:

„Ich fing ein BVJ (Berufsvorbereitungsjahr) an und lernte ein Jahr lang gemeinsam mit meinem Bruder. Meist werden jugendliche Ausländer, die nur schlecht Deutsch können, gewissermaßen zur Vorbereitung auf die Schule in ein BVJ geschickt. In der ersten Zeit kassierten wir viele Fünfen. Da gab es beispielsweise so ein Fach: Technologie. Man gab uns Bilder mit Instrumenten darauf, und wir sollten lediglich aufschreiben, wie diese auf Deutsch hießen. Wir verfügten praktisch über keinerlei Wortschatz. Wir kannten ja noch nicht einmal das deutsche Wort für ‚Hammer‘. Die Fächer, in denen Deutsch besonders wichtig war, schlossen mein Bruder und ich mit einer Vier ab. Aber daran war niemand sonst schuld: Wenn du die Sprache nicht kannst, ist es dein eigenes Pech.“

Alexander hatte es weiterhin nicht einfach. Er gab sich Mühe, lernte Deutsch und schloss einige Jahre später eine Berufsausbildung zum Mechaniker mit der Note „Ausgezeichnet“ ab. Beinahe ebenfalls mit „Ausgezeichnet“ absolvierte er eine weiterführende Fachausbildung und arbeitet seit kurzem als Techniker. Dass es nur „beinahe“ ein „Ausgezeichnet“ wurde, erklärt Alexander wie folgt: „Genau zu der Zeit damals war unser Kind auf die Welt gekommen. Kirill war vielleicht ein Jahr alt. Er fing gerade an zu laufen, krabbelte überall hin und war sehr neugierig. In Ruhe lernen war kaum möglich, vor allem nachts. Er schlief bei uns nur schlecht und unruhig. Natürlich stand ich wieder auf und ging zur Schule, aber von dem tags zuvor Gelernten war am nächsten Morgen kaum noch die Hälfte übrig.“

Die Organisation ‚Zukunft für Ritschow‘ lernte Alexander durch Frau Hedwig Müller kennen, die Chefin des Unternehmens, in dem er arbeitete: „Beim ersten Mal fuhren wir gemeinsam mit Frau Müller nach Weißrussland, da sie sich nicht traute, alleine zu fahren. Es war ein fremdes Land, sie konnte die Sprache nicht, und so bot ich an, mit ihr zu fahren.“ 2005 fuhr Alexander erstmals mit einem Minibus nach Weißrussland; mehr als zehn weitere Reisen folgten während der nächsten drei Jahre. Humanitäre Hilfe zu leisten war das Ziel dieser Fahrten. Doch es verlief nicht alles reibungslos: „Besonders viele Abenteuer erlebten wir immer an der Grenze. Einmal war ich mit einem Mann 64 (!) Stunden unterwegs.

«Я пошел сначала в BVJ и проучился там один год вместе с братом. В BVJ отправляют, как правило, подростков-иностранцев, тех, кто плохо знает немецкий, своего рода подготовка перед школой. Сначала мы получали много единиц. Например, у нас был такой предмет – технология. Нам давали картинки с инструментами, а мы должны были просто написать, как это называется по-немецки. Словарного запаса у нас не было. Мы даже не знали, как по-немецки будет «молоток». По тем предметам, где особенно требовался немецкий, у нас с братом были двойки. Но обижаться не на кого было, если язык не знаешь – сам виноват».

Трудности Александра не сломили. Он старался, учил язык и несколько лет спустя закончил училище по профессии механика уже на отлично. Почти на отлично он закончил и дальнейшее обучение по специальности и с недавних пор работает техником. Свое почти на отлично Александр объясняет так: «У нас тогда как раз только ребенок родился. Кириллу был всего годик. Самое такое время, начинал только ходить, везде лез, и все ему интересно было, учиться не всегда удавалось спокойно. Ночью он спал плохо, тревожно. Я вставал никакой и шел в школу, из всего того, что я успевал выучить вчера, наутро помнил лишь половину».

Об организации «Будущее для Ричева» Александр узнал от Хедвиг Мюллер, руководителя компании, в которой он работал: «Мы в первый раз с фрау Мюллер поехали в Белоруссию. Она просто не решалась ехать туда одна: чужая страна, не знает языка, и я предложил поехать вместе». Первая поездка Александра в Белоруссию произошла в 2005 году, ехали на микроавтобусе, за последующие три года таких поездок было более десяти. Основная их цель – доставка гуманитарной помощи. Но не всегда все складывалось гладко: «Всякий раз у нас было много приключений на границе. Как-то мы были в дороге с одним мужчиной 64 (!) часа.

An der Grenze haben sie uns richtig hochgenommen, weil unser Bus vollgestopft mit Bekleidung war. Belege dafür, dass dies ein humanitärer Hilfstransport war, besaßen wir nicht. Wir kamen beim Zoll an, standen dort vier Stunden, bis ein Zollbeamter schließlich heranschritt und sagte: ‚Wieso steht ihr hier? Wenn ihr ein Hilfstransport seid, fahrt dort hin, wo die LKWs kontrolliert werden. LKW-Kontrollen: 15 Kilometer weiter da drüben.‘ Wir haben uns dort hingestellt, wieder gewartet und kamen auch nicht weiter. Man sagte uns: ‚Der Chef kommt her und schaut sich das an.‘ Dies dauerte aber bis nachts um 3 oder 4 Uhr. 12 Stunden haben wir dort mit dem Bus gestanden, einfach so. Es war aber schon November und wurde kalt. Ab und zu ließen wir den Motor an, weil wir froren. Dann kam der Chef der Zollabteilung an, begann zu fragen, was und wohin; wir antworteten, besaßen aber keine Dokumente – ohne Papiere läuft eben nichts. Er schickte uns dann zu einer anderen Abteilung, jene für PKW. Jeder will nur schnell wieder seine Ruhe haben. Wir fuhren also heran, erzählten, wir seien schon hier und da gewesen, bis es schließlich hieß: ‚Ausladen!‘ Alles wurde gewogen und zusammengezählt, wir zahlten 800 Dollar Strafe und alles, was wir bei uns hatten, wurde konfisziert: Von 23 Jacken nahmen sie 21, ein Tonbandgerät wurden wir los. Bloß gut, dass wir Geld mit hatten. Ich hatte nur 200 Euro dabei, aber mein Kollege hatte Dollars und musste wohl alles hergeben. Unvermittelt fragten die Zöllner: ‚Wieviel haben Sie bei sich?‘ Wir zeigten das Portmonee und sie nahmen wirklich alles heraus, was sie fanden. Danach erreichten wir unser Ziel und wurden natürlich sehr herzlich empfangen. So ist das eben auf solchen Abenteuerfahrten; das ist nicht weiter schlimm und macht trotzdem Spaß. Dort an der Grenze zittert man und denkt, man explodiert gleich. Aber kurz darauf ist es wieder gut, alles im grünen Bereich und man kann wieder lachen.“

Ausgerechnet in Weißrussland lernte Alexander auch seine spätere Frau kennen. Tatjana ist Deutschlehrerin. Auch gegenwärtig unterrichtet sie Deutsch als Fremdsprache in Waldshut. Das Ehepaar Baev hat zwei Kinder: Sohn Kirill (5 Jahre alt) und Sohn Alex (2 Jahre alt).

На границе нас трепали по полной, потому что у нас был полный автобус с одеждой. А документов, что это гуманитарная помощь, не было. Мы приехали на таможню, простояли там четыре часа, потом подходит к нам таможенник и говорит: «А что вы сюда приехали? Раз вы гуманитарная помощь, езжайте туда, где фуры. Таможня для грузовиков у нас в 15 километрах в стороне». Мы поехали туда, потом там простояли тоже, потом нас не пускали, сказали: «Приедет начальник и посмотрит». А приехал он только ночью, в 3 часа или в 4, мы там часов 12 простояли просто так, в автобусе. А ноябрь месяц был на дворе, уже холодно, мы периодически включали мотор, потому что просто бы замерзли. Потом приехал начальник таможни и начал расспрашивать, что мы и куда везем, мы рассказали, но если документов нет, то без бумажки ты никто. Он нас отправил уже на другую таможню, где легковые. Как всегда, «пихают», лишь бы отвязаться. И потом мы подъехали, говорим: там были, тут мы были, и потом нам уже сказали: «Давайте разгружайте!». Они взвесили, все сосчитали, мы штраф заплатили 800 долларов, и то, что было у нас, конфисковали (было – 23 куртки, 21 у нас забрали, две оставили, и магнитофон забрали). Но хорошо, что деньги были, я с собой тогда только 200 евро вез, а у моего коллеги доллары были, он, считай, все отдал. Таможенники как раз спросили: «Что у вас есть?», мы кошелек показали, и получается, все забрали, что у нас было. Ну, потом мы приехали, нас встретили, конечно, очень тепло. Вот так с приключениями, но ничего, нормально, весело все равно. Когда там, на границе, находишься, так трясешься, думаешь, сейчас взорвешься. А когда все прошло, уже и спокойно, и весело».

Именно в Белоруссии Александр познакомился со своей будущей супругой. Татьяна – учительница немецкого языка. Немецкий как иностранный она преподает и сейчас в Вальдсхуте. В семье Баевых растут двое детей: Кирилл (5 лет) и Алекс (2 года).

Alexander hegt zärtliche Gefühle für seine erste Heimat, Russland: „Ich liebe Russland und seine Natur; nicht die Politik, aber eben seine Natur, die Wälder und Flüsse. Ich ging dort immer angeln, Pilze und Beeren sammeln." Auch in seiner zweiten Heimat, Deutschland, geht er diesen Tätigkeiten nach: „Kaum komme ich in den Wald, ist es gleich ein ganz anderes Atmen. Vielleicht liegt es ja an der Waldluft; aber in jedem Fall braucht man nur im Wald zu sein und kann sofort wunderbar abschalten, alles ist still und man spürt sich wieder selbst."

Александр с теплотой вспоминает свою первую родину – Россию: «Я люблю Россию, природу, не политику, а именно природу, леса, реки. Я все время за грибами ходил и рыбачил всегда, и ягоды собирал». Продолжает он это делать и на своей второй родине, в Германии: «Только в лес захожу, у меня как будто дыхание второе открывается. Может, от воздуха этого, ну просто в лесу забываешься, отвлекаешься от всего и спокойно себя чувствуешь».

Tatjana und Waldemar Bauer

Natürlich wussten wir von Tschernobyl. Wir haben die Bekanntmachung in der Zeitung gelesen und beschlossen, Kinder zu uns einzuladen.

Tatjana Bauer wurde 1961 in Workuta geboren. Bis 1956 lebte ihre Familie hier im Lager. Nach der Befreiung blieben sie noch einige Jahre: „Ich erinnere mich noch an Workuta, an das nördliche Licht, die Rentiere und an das Haus, in dem wir bei unseren Großeltern wohnten." Später kehrte Tatjanas Familie nach Alexejewka, in die Heimat ihrer Mutter sowie ihrer Großeltern, zurück, wo sie gemeinsam bis zur Ausreise nach Deutschland lebten.

Alexejewka ist ein Dorf im Gebiet Omsk, das am Anfang des 20. Jahrhunderts von Deutschen aus dem Nichts aufgebaut wurde: „Ursprünglich lebten meine Vorfahren in Odessa und auf der Krim, wohin sie von Zarin Katharina gerufen worden waren. Dort waren jedoch Grund und Boden knapp. In Sibirien aber wurde für jeden geborenen Sohn irgendwo ein Hektar Land zugeteilt. Das ist der Grund, weshalb sie 1903 dorthin zogen. Zwei Jahre lang lebten sie in einer nahen Stadt, säten, rodeten. Es gab dort anfangs überhaupt keine Felder." Und nach zwei Jahren, 1905, stand das Dorf bereits. Auf diese Weise wurden die deutschen Familien Schick, Schneider, Koch, Berk, Braun, Kuhlmann und noch viele andere in dem fernen sibirischen Dorf heimisch. Tatjana weiß aus Erzählungen, dass es ihnen dort gut ging. Nach der Oktoberrevolution 1917 wurden sie jedoch, so wie viele andere wirtschaftlich erfolgreiche Familien, als Großbauern (‚Kulaken') verunglimpft und verfolgt.

Auch nach 1955 hatten es viele Deutsche nicht leicht: „Meine Eltern erzählten immer wieder, dass sie von anderen schief angeschaut wurden, nur weil sie Deutsche waren … Häufig verhinderte die deutsche Volkszugehörigkeit, dass man ein Studium aufnehmen konnte." Wenn sie von ihrem Dorf in die Stadt fuhren, bemühten sich Tatjana und ihre Familie, nicht mehr deutsch zu sprechen, um nicht aufzufallen.

Татьяна и Вальдемар Бауеры

Про Чернобыль мы, конечно, знали. Прочитали в газете объявление и решили пригласить детей.

Татьяна Бауер родилась в 1961 году в Воркуте, где до 1956 года в лагерях находилась ее семья: «Я помню Воркуту, хорошо помню северное сияние, оленей, дом, в котором мы жили у бабушки с дедушкой». Позже семья Татьяны вернулась обратно в Алексеевку, на родину мамы, бабушки и дедушки Татьяны, где они и жили все вместе до отъезда в Германию.

Алексеевка – это деревня в Омской области, построенная немцами в начале XX века совершенно на пустом месте. «Сначала мои предки жили в Одессе, в Крыму, куда их пригласила еще Екатерина. Там, правда, было очень мало земли. А в Сибири за каждого сына давали где-то гектар. Вот поэтому они туда и переехали в 1903 году. Два года они жили в районе, ездили туда, сеяли, выкорчевывали деревья, там же полей совсем не было». Через два года, в 1905 году, деревня была уже построена. И так в далекой сибирской деревне свою новую родину обрели немецкие семьи Шиков, Шнайдеров, Кохов, Берков, Браунов, Кульманов и многие другие. По их рассказам Татьяна знает, что жили они все хорошо. Правда, после Октябрьской революции 1917 года их, как и многие другие успешные семьи, раскулачили.

После 1955 года жизнь у многих немцев складывалась непросто: «Родители постоянно рассказывали, что другие люди смотрели на них как-то по-другому, потому что они – немцы... Из-за национальности «немец» у многих возникали трудности при поступлении в институт». Выезжая из деревни в город, Татьяна и ее семья старались не говорить по-немецки, чтобы не выдать себя.

Die Familie Bauer siedelte 1991 mit drei Kindern nach Deutschland über und kam in einem kleinen Dorf bei Frankfurt unter. Die jüngste Tochter Erika war gerade einmal zwei Monate alt. Der Weg nach Deutschland war im wahrsten Sinne steinig: „Die Straße war furchtbar schlecht, außerdem gab es damals noch keine Pampers und wir haben Bettlaken von Zuhause mitgenommen – alles in eine Tasche gestopft. Ich habe allen eingebläut: ‚Ihr könnt verlieren, was ihr wollt, aber nicht diese Wickeltasche!‘ In Moskau erblickten wir gleich eine große Menschenmenge, die auf Koffern saß. Es kamen Gauner auf uns zu: ‚Ihr müsst euer Geld abgeben, und den Schmuck hier nehmt ihr auch nicht mit.‘ Nun, wir hatten Glück und sind gut angekommen.“

Familie Bauer kam zunächst in ein Aufnahmelager für Aussiedler, das in einer umgebauten Zigarettenfabrik eingerichtet worden war: „Alles dort war neu. Die Bettwäsche war noch verpackt. Wir bekamen ein kleines Zimmer mit Kochnische, Toilette mit Badewanne und ein paar Möbel.“ Tatjana erinnert sich noch immer gern an die herzliche Aufnahme durch die ortsansässigen Deutschen: „Gleich am zweiten oder dritten Tag kamen die Einheimischen zu uns, brachten einen Kinderwagen und für die größeren Kinder Schulranzen mit. Erika schenkten sie Babynahrung. Wir fühlten uns sehr wohl.“ Natürlich sind wir auf dem Dorf aufgewachsen. Auch dort hat irgendwer Sachen abgegeben, zum Beispiel an Familienmitglieder; aber dass zum Beispiel völlig unbekannte Menschen ankamen, war für uns sehr überraschend und sehr angenehm. 1995 zog die Familie nach Süddeutschland und ließ sich in Villingen-Schwenningen nieder. Mit einer Frau aus den gastfreundlichen Familien des Dörfchens bei Frankfurt, Anna-Lisa Neeb, ist Familie Bauer bis heute in Freundschaft verbunden.

Waldemar Bauer kam 1959 ebenfalls in Alexejewka zur Welt, wo er wie Tatjana bis zur Ausreise nach Deutschland lebte. Von seinem Vater und Großvater weiß er Folgendes über die Arbeitslager zu berichten: „Sie bauten eine Eisenbahnstrecke von einer Station im Gebiet Swerdlowsk (Jekaterinburg) nach Kasan. Als man sie dort hinbrachte, gab es absolut nichts. Hunde, Aufseher, Lagerfeuer, das war alles. Irgendwo mitten im Wald fingen sie an, Baracken zu bauen, in denen sie dann auch lebten.“ Doch auch die Verwandten, die in Sibirien blieben, hatten es schwer: „Sie mussten zweimal so viel arbeiten wie alle anderen. Im Krieg hat niemand gefragt, ob ja oder nein – Geforderte Menge abliefern und fertig. Sie schliefen schon auf Stroh und hatten nichts mehr.

Семья Бауеров с тремя детьми переехала в Германию в 1991 году и оказалась в одной деревушке под Франкфуртом. Младшей дочке Эрике было всего два месяца. Переезд в Германию был весьма труден: «Дорога была страшная, памперсов тогда еще не было, мы дома простыней нарвали, в сумку все запаковали. Я всем строго-настрого наказала: «Потерять можно все, что угодно, только не эту сумку с пеленками!». В Москве в то время, как только видели большую толпу людей с чемоданами, то говорили: «Денежку давайте, а то никуда не поедете». Ну, нам повезло. Мы проехали хорошо».

Семья Бауеров оказалась в лагере для переселенцев – перестроенной сигаретной фабрике: «Там было все новое. Постельное белье еще лежало в упаковках. Комнатка у нас была небольшая, встроенная кухонька, туалет с ванной, мебель». Татьяна с большой теплотой вспоминает радушный прием местных немцев: «Буквально на второй или третий день к нам пришли местные жители, сразу же коляску привезли, для старших детей – ранцы в школу, для Эрики детское питание. Нам было очень приятно. Мы, конечно, в деревне росли, там тоже кто-то вещи передавал, допустим, родственникам, а чтобы вот так, совсем чужие люди пришли, для нас это было очень неожиданно и приятно». В 1995 году семья переехала на юг Германии и обосновалась в городе Филлинген-Швеннинген. С одной из семей гостеприимной деревушки под Франкфуртом – Анной-Лизой Нееб – семья Бауер до сих пор поддерживает дружеские отношения.

Вальдемар Бауер родился в 1959 году в деревне Алексеевка, где он тоже, как и Татьяна, жил до переезда в Германию. О трудармии Вальдемар знает по рассказам отца и деда: «Они строили железную дорогу от одной станции в Свердловской области в Казань. Когда их туда привезли, то там ничего не было. Собаки, охранники, костры, и больше ничего. Где-то посреди леса они начали строить бараки, в которых потом и жили». Тем родственникам, которые остались в Сибири, тоже было нелегко: «Им же надо было две шкуры с одного барана содрать. Во время войны тебя же не спрашивали – есть или нет, ты должен был сдать и все. Хотя они засыпали на соломе, у них ничего не было,

Sie mussten alles abgeben, weil Krieg war. Auch die Kartoffeln und alles andere wurde weggenommen."

Im Dorf Alexejewka lebten so gut wie nur Deutsche, insgesamt etwa 500 Familien, und fast jeder sprach deutsch. In Alexejewka gab es eine Schule mit vertieftem Unterricht auf Deutsch – zur damaligen Zeit war dies eine große Seltenheit. Der Aufbau und Erhalt solch einer Schule war schwierig: „Man wollte die deutsche Sprache verbieten, aber unsere Eltern und Lehrer haben solange gekämpft, bis es doch dabei bleiben konnte. Ende der sechziger, Anfang der siebziger Jahre sollte erneut das Deutsche abgeschafft werden, aber wir konnten erreichen, dass es blieb."

In der Sowjetunion wussten damals nur wenige etwas von der Anwesenheit der Deutschen: „1978 rückte ich zur Armee ein. Ich diente in Usbekistan. Dort fragten mich die Usbeken: ‚Bist du aus Deutschland, oder was?'" Noch vor dem Militärdienst schloss Waldemar in Omsk eine Berufsausbildung als Elektriker ab. Er erinnert sich an eine Geschichte aus seiner Studienzeit: „Ich hatte einen guten Freund an der Hochschule. Als wir zum Abschluss kamen, trennten sich unsere Wege: Ich ging nach Surgut, er aber blieb in Omsk und stellte eine neue Seminargruppe zusammen. Darunter war auch ein Deutscher. Er stieß mich an die Schulter und sagte zu mir: ‚So ein Faschist wie du.' Das kränkte mich damals sehr, er war so ein guter Freund – wir sind zusammen durch dick und dünn gegangen. Einmal war ich bei ihm zu Hause eingeladen. Ich weiß, dass er es nicht böse gemeint hatte, aber ich empfand es trotzdem als Beleidigung."

Theoretisch konnte man auch schon vor 1991 nach Deutschland ausreisen, aber das war alles andere als einfach: „Zuerst musste man Russland verlassen, zum Beispiel nach Lettland oder in eine andere Republik. In ein kapitalistisches Land wollte man die Leute jedoch nicht gehen lassen." Waldemar erinnert sich an ein Erlebnis einer seiner Bekannten: „Irgendwann 1974 oder 1975 bekam sie eine Einladung. Ihr und ihrer Familie wurde die Ausreise zwar erlaubt, aber diese Erlaubnis wurde solange hinausgezögert, bis der älteste Sohn 18 Jahre alt war und zur Armee einberufen wurde. Somit konnte er nicht fahren. Ohne ihn wollten sie jedoch auch nicht abreisen.

все отдавали, когда война шла. И картошку, и все остальное у них забирали».

В деревне Алекссевка жили практически одни немцы, всего около 500 семей и говорили они почти все по-немецки. В Алексеевке была школа с углубленным изучением предметов на немецком языке – большое исключение для того времени. Организовать и сохранить такую школу было непросто. Вальдемар вспоминает: «Немецкий хотели запретить, но наши родители и учителя долго боролись и его разрешили оставить. В конце 60-х – начале 70-х годах снова хотели убрать немецкий язык, но мы смогли его отстоять».

О существовании немцев знали в то время в Совестком Союзе немногие: «Я в армию пришел в 1978 году. Служил в Узбекистане. Узбеки меня спрашивали: «Ты что, из Германии что ли?». Еще до армии Вальдемар закончил училище в Омске по специальности «электрик». Он до сих пор помнит один эпизод из студенческой жизни: «У меня был один хороший друг в училище. Когда мы уже закончили учебу и разъезжались, я в Сургут уехал, а он в Омске остался, здесь набирали новую группу учеников. И среди них один немец был. Так друг меня по плечу хлопнул и говорит: «Такой же фашист, как и ты». И мне так обидно тогда стало. А ведь такой друг был – мы с ним не один кусок хлеба съели вместе, я к нему домой в гости ездил. Знаю, что он так сказал без злого умысла, но все равно обиду нанес».

Теоретически уехать в Германию можно было и до 1991 года, но это было совсем непросто: «Надо было сначала вообще уехать из России, например, в Латвию или куда-то еще. Ведь в капиталистическую страну выпускать не хотели». Вальдемар вспоминает историю одной своей знакомой: «Она получила приглашение, где-то в 1974 или в 1975 году, уехать ей и ее семье разрешили, правда, специально дотянули до 18-летия старшего сына так, чтобы забрать его в армию и чтобы он уехать не смог. А как же они без него поедут?

Man versprach ihr ein Haus, eine Kuh und viele andere Privilegien. Als die Familie dann tatsächlich beschlossen hatte, nicht in die Bundesrepublik auszureisen, gab man ihr jedoch überhaupt nichts. Es waren nichts als leere Versprechungen." In den neunziger Jahren reiste diese Familie dann tatsächlich aus, jedoch ohne die Bekannte von Waldemar. Sie verstarb ein paar Tage zuvor.

Tatjana, Waldemar und ihre Kinder lebten sich verhältnismäßig leicht in Deutschland ein, da die Sprache für die Eheleute kein Problem war. Natürlich mussten sie manchmal den Einheimischen erklären, dass auch sie Deutsche waren: „Wir haben uns immer als Deutsche gefühlt. Was denn sonst? Wir sind Deutsche." Tatjana arbeitet im kaufmännischen Bereich in ihrem bereits in Russland erlernten Beruf und leitete zeitweise sogar eine Schlecker-Filiale. Waldemar ist bei der Post beschäftigt. Auch die Kinder der Familie Bauer sind mittlerweile erwachsen. Sohn Willi arbeitet wie der Vater bei der Post; die ältere Tochter Lena ist Sozialarbeiterin und Erika, die Jüngste, befindet sich in der Ausbildung.

Vor ein paar Jahren besuchte Familie Bauer ihre alte Heimat, doch das Dorf Alexejewka war kaum wiederzuerkennen: „Es war alles kaputt; alles sah aus, als hätte dort eine Bombe eingeschlagen: Die früheren Viehställe hatten kein Dach mehr und keine Wände. Im Dorf gibt es heute keine Arbeit mehr. Als wir früher dort gelebt haben, gab es 500 Bauernhöfe; Arbeitslosigkeit kannten wir nicht. Es fehlten sogar Arbeitskräfte; es gab Kuhställe, Schweinezucht, einen Pferdehof, eine Geflügelzucht und eine Schweinezuchtanlage sowie Ackerbau. Jetzt ist dort sogar die Straße weg, mit dem Auto kann man nicht mehr durchfahren. Als wir dort gewohnt haben, sind wir überallhin mit dem Rad gefahren, jetzt ist alles mit Unkraut überwuchert. Eine richtige Chaussee war das damals, heute kann dort kein Auto mehr lang … Wir hatten zwei Gärtchen, jetzt haben sie alles herausgerissen: Keine Fenster und Türen mehr, die Fliesen zerschlagen. Wir hatten eine schöne Banja[24]; auch dort ist alles raus; kein Dach und nicht einmal mehr die Zierleisten."

Heute leben vor allem Menschen aus Zentralasien in Alexejewka. Es sind russische Flüchtlinge, die aus Tadschikistan, Kirgisien und Kasachstan vertrieben wurden.

---

[24]   Banja – russisches Dampfbad; Holzofen-Sauna

Ей еще наобещали дом, корову и много других привилегий. Когда семья все-таки отказалась ехать в ФРГ, им так ничего и не дали. Обещания остались лишь пустыми словами». В 90-е эта семья смогла уехать, правда, уже без знакомой Вальдемара. До этого момента она не дожила несколько дней.

Адаптация Татьяны, Вальдемара и их детей в Германии прошла относительно легко, потому что немецкий язык для обоих супругов не являлся проблемой. Правда, иногда приходилось объяснять коренным немцам, что они тоже немцы: «Мы всегда себя немцами чувствовали. А как же иначе? Мы ведь немцы». Татьяна работает в торговле по специальности, которую она получила еще в России, и какое-то время даже воглавляла один из филиалов магазина «Шлекер». Вальдемар работает на почте. Выросли и дети семьи Бауеров. Сын Вилли, как и папа, работает на почте, старшая дочь Лена – социальный работник, младшая дочка Эрика учится.

Несколько лет назад семья Бауеров ездила на свою историческую родину, в деревню Алексеевка, и с трудом смогла ее узнать: «Все разбомбили, сараи, где скотина была, как будто бомба туда ударила, ни крыши, ни стен. Работы сейчас в деревне нет. Раньше, когда мы жили, у нас было 500 дворов и не было такого, чтобы кто-то без работы был, еще и людей не хватало. Коровники были, коневодческая ферма была, птицеферма, свиноферма, полеводство. Сейчас там даже дороги нет, машина не может проехать. А когда мы там жили, то свободно на велосипеде ездили. Теперь все бурьяном заросло. Настоящая поднятая дорога, а сейчас даже на машине не проехать... Раньше у нас было два садика, сейчас все растащили, ни окон, ни дверей, плитки все ободраны. Баня у нас какая раньше хорошая была, в ней сейчас нет крыши и даже обналичники вытащены».

Сейчас в Алексеевке живут люди в основном из Центральной Азии. Это русские беженцы, которые были вынуждены уехать из Таджикистана, Киргизии и Казахстана.

Tatjana und Waldemar kommen beim Gedanken an diese Reise fast die Tränen: „Um ehrlich zu sein, der ganze Anblick des Dorfs hat sehr wehgetan. Sogar die Spatzen sind weg dort, weil es keinen Weizen, keine Futterböden mehr gibt – das ist doch furchtbar. Und natürlich auch die Häuser … Die Deutschen sind ein fleißiges Volk – natürlich gibt es in jedem Volk fleißige Menschen. Alle Häuser hatten früher einen farbigen Anstrich, einen Zaun davor, es gab Blumengärten. Heute findet man dort keine einzige Blüte mehr, kein Hälmchen; und die Zäune haben sie verheizt.“

Vom Verein ‚Zukunft für Ritschow‘ erfuhren die Bauers aus der Lokalzeitung: „In der Zeitung lasen wir eine kleine Bekanntmachung, dass Familien gesucht würden, die bereit seien, Kinder aus Weißrussland aufzunehmen. Natürlich wussten wir von Tschernobyl.“ Und so lernte Familie Bauer die Zwillingsschwestern Dascha und Natascha kennen, die sie dann vier Jahre lang immer wieder einluden: „Wir haben solch ein gutes Verhältnis zueinander. 2011 haben wir sie sogar daheim in Weißrussland besucht.“ Inzwischen stehen die beiden Mädchen auf eigenen Beinen, haben einen Beruf erlernt und arbeiten in Minsk.

Über das im Leben Erreichte resümieren Tatjana und Waldemar: „Man muss arbeiten, man muss sich für etwas anstrengen. Jeder muss ein Ziel vor Augen haben, dann ist das Leben auch interessanter. Und da ist es egal, wo man lebt, ob in Russland, Weißrussland oder Deutschland. Man darf nur nicht da sitzen, die Hände in den Schoß legen und auf irgendetwas warten.“

Татьяна и Вальдемар вспоминают о своей поездке почти со слезами на глазах: «Честно говоря, очень больно было все это видеть, в деревне даже воробьев нет. Раньше пшеница была, закрома, а сейчас ничего этого нет и воробьи исчезли. И дома, конечно, тоже... Немцы – народ трудолюбивый, в каждой нации есть трудолюбивые, конечно. У всех всегда дома были покрашены, все заборы, цветы, и все было. Сейчас ни цветочка, ни лепесточка, заборы все стопили.»

Об организации «Будущее для Ричева» семья Бауеров узнала из местной газеты: «Просто в газете прочитали небольшое объявление о том, что ищут семьи, которые были бы готовы принять детей из Белоруссии. Про Чернобыль мы, конечно, знали». И так семья Бауеров познакомилась с девочками-близнецами Дашей и Наташей, которых приглашали четыре года подряд: «У нас с ними такие хорошие отношения сложились. Мы даже к ним в гости ездили в 2011 году». Сейчас девочки уже встали на ноги, получили образование, живут и работают в Минске.

Свою жизненную позицию Татьяна и Вальдемар формулируют так: «Надо работать, надо к чему-то стремиться, чтобы у каждого была какая-то цель, тогда и жить интересней. Все равно, где ты живешь, в России, или в Белоруссии, или в Германии. Нельзя сидеть сложа руки и чего-то ждать».

Olga Greune

Ein Zeitungsartikel über Hedwig Müller und ihren Aufenthalt in Weißrussland und ihre Hilfe im Gebiet von Tschernobyl hat mich sehr berührt. Ich wollte mich auch an der Hilfsaktion beteiligen.

Olga Greune wurde 1976 in der kleinen Stadt Ajaguz in Kasachstan geboren. Dort verbrachte sie ihre Kindheit und Jugend. Als ganz kleines Kind haben Olga und ihr kleinerer Bruder sehr viel Zeit bei ihrer Großmutter väterlicherseits verbracht, die ihnen die deutsche Sprache sowie deutsche Bräuche wie Ostern und Weihnachten mit dazu gehörigen Liedern und Gedichten beibrachte.

Die Großmutter erlebte die Deportation mit ihren 3 Kindern aus der Ukraine nach Kasachstan während des Zweiten Weltkriegs mit. Ihr Mann (Olgas Großvater) wurde nach Sibirien in ein Arbeitslager geschickt. Die Großmutter erzählte viel über ihre schreckliche Reise. Zwei ihrer Kinder sind dabei ums Leben gekommen, nur eines – der Vater von Olga (Jahrgang 1942) – überlebte. Sie berichtete auch von der Arbeitsarmee im Kohlekraftwerk in Karaganda. Dort musste sie einige Jahre verbringen. Erst Ende 1950 kam sie nach Ajaguz und lebte dort bis zu ihrem Tod.

Olga berichtet auch über die Geschichte ihres Großvaters mütterlicherseits: „Er war Jugendlicher (Jahrgang 1931) zur Zeit der Deportation und kämpfte mit seiner Mutter und dem jüngeren Bruder ums Überleben: Der Vater konnte nicht für die Familie sorgen, da er im Arbeitslager irgendwo in Sibirien war und nicht mehr zurückkehrte."

Die Kindheit in der ehemaligen UdSSR hat Olga in sehr schöner Erinnerung: „Als Deutsche habe ich so gut wie keine Diskriminierung erlebt, bis auf die Kinderstreitigkeiten, dabei wurde gern ‚Faschist' zu uns gesagt. Natürlich hat man das im ersten Moment persönlich genommen, aber im Grunde war es nur im Affekt gesprochen und schlussendlich haben wir uns immer ganz gut vertragen. Die Deutschen waren grundsätzlich immer beliebt und sind stets durch ihre Sorgfalt, Ordnung, Fleiß und Sauberkeit aufgefallen."

Ольга Гройне

В одной из местных газет я прочитала статью Хедвиг Мюллер о ее пребывании в Белоруссии, ее помощи в Чернобыльском регионе. Мне тоже захотелось принять участие в этом и оказать помощь.

Ольга Гройне родилась в 1976 году в маленьком городе Аягуз в Казахстане. Там она провела свое детство и юность. Когда Ольга была еще маленькой, она вместе с младшим братом проводила очень много времени у своей бабушки по отцовской линии, которая и научила их говорить по-немецки, а также различным немецким обычаям, таким как Пасха и Рождество с соответствующими песнями и стихотворениями.

Бабушка и ее трое детей пережила ссылку из Украины в Казахстан во время Второй мировой войны. Ее муж (дедушка Ольги) был сослан в Сибирь в трудовой лагерь. Она много рассказывала о страшной дороге в ссылку. Тогда погибли два ее ребенка, выжил только один отец Ольги (1942 года рождения). Бабушка рассказывала о трудовой армии в угольной ТЭЦ в Караганде. Там она должна была провести несколько лет. Только в конце 1950 года она прибыла в Аягуз и прожила там до самой смерти.

Ольга также знает историю дедушки со стороны мамы: «Во время депортации он был еще совсем маленьким (1931 год рождения) и боролся вместе с матерью и младшим братом за выживание. Отец не смог заботиться о семье, так как был в трудовом лагере где-то в Сибири, откуда он так и не вернулся».

О своем детстве в бывшем СССР у Ольги только прекрасные воспоминания: «Как немка я не испытывала никакой дискриминации, разве только в детстве, когда ссорились, при этом некоторые охотно произносили слово «фашист». Естественно, в первый момент мы обижались, но в принципе это говорилось сгоряча, и, в конце концов, мы всегда очень хорошо понимали друг друга. Немцы, как правило, были всегда популярны и славились своими добросовестностью, порядком, усердием и чистотой».

Im Jahre 1994 erhielt Olgas Familie endlich die Genehmigung zur Ausreise nach Deutschland. Sie kamen 1995 in Hannover an. Von dort aus kamen sie nach Empfingen (nahe Stuttgart) in eine Aufnahme- bzw. Verteilungsstelle. Dort wurden alle formellen Dinge erledigt. Eine Woche später kamen sie nach Ühlingen-Birkendorf. In dieser Gemeinde lebt Olgas Familie auch heute noch.

Nach anfänglichen Sprachschwierigkeiten ist es Olga nicht sonderlich schwer gefallen, sich zu integrieren: „Ich konnte meinen Berufswunsch – Krankenschwester – verwirklichen und habe die Ausbildung erfolgreich beendet. Ich bin immer noch als Krankenschwester tätig und fühle mich wohl dabei. Auch hier in Deutschland habe ich quasi nie Diskriminierung erlebt und konnte mich immer und überall schnell integrieren. Mir persönlich war sehr wichtig, dass ich die deutsche Sprache so gut beherrsche, dass ich mich immer und überall verständigen und mitreden kann.“

Vom Verein ‚Zukunft für Ritschow‘ hat Olga im Jahre 2011 aus einer Zeitung erfahren: „In dem Bericht hat Hedwig Müller über ihren Aufenthalt in Weißrussland und ihre Hilfe im Gebiet von Tschernobyl erzählt. Die Geschichte hat mich sehr berührt und ich wollte mich auch an der Hilfsaktion beteiligen, indem wir im ersten Jahr 2 Kinder aufnahmen und im zweiten Jahr ein Kind. Auch wenn es nur eine minimale Unterstützung gewesen ist, haben die Kinder einen schönen, unvergesslichen Aufenthalt in Deutschland erlebt.“ Der Kontakt per Post besteht zu den Kindern immer noch, „auch wenn es nur selten ist“, bedauert Olga.

Olga ist mit einem einheimischen Deutschen verheiratet und hat 2 Kinder im Alter von 11 und 9 Jahren.

В 1994 году семья Ольги получила долгожданное разрешение на выезд в Германию и в 1995-м приземлилась в Ганновере. Оттуда они прибыли в Эмпфинген (около Штутгарта), где находился распределительный пункт. Там необходимо было уладить все формальности. Неделей позже они прибыли в деревню Юлинген-Биркендорф. Здесь семья Ольги живет до сих пор.

После первоначальных трудностей с языком Ольге быстро удалось найти себя в немецком обществе: «Я смогла осуществить свою мечту и успешно получить образование медсестры. До сих пор я работаю по своей специальности и мне очень нравится моя работа. В Германии я никогда не испытывала чувства дискриминации, и думаю, что смогла бы быстро интегрироваться везде и повсюду. Хорошее знание немецкого языка всегда было важно для меня, для того чтобы везде я могла о чем угодно договориться и участвовать в любом разговоре наравне со всеми».

Ольга узнала об организации «Будущее для Ричева» в 2011 году из газеты. В одной из статей Хедвиг Мюллер рассказывала о своем пребывании в Белоруссии и своей помощи в Чернобыльском регионе. Ольга вспоминает: «Эта история очень тронула меня. Мне тоже захотелось принять участие и оказать помощь, поэтому мы тогда сразу пригласили двоих детей, а на следующий год пригласили только одного ребенка. Хоть это и была небольшая поддержка, дети все же провели прекрасное и незабываемое время в Германии». Письменный контакт с детьми до сих пор поддарживается, «к сожалению, только редко», сетует Ольга.

Ольга замужем за коренным немцем. У них двух детей в возрасте 11 и 9 лет.

Anna und Aleksej Gref

Wir wollten immer schon helfen und einfach etwas Gutes tun.
Also haben wir den Sommer über ein Kind bei uns aufgenom-
men.

Anna Gref wurde 1986 in Kasachstan in eine deutsch-russische Familie
geboren. Ihre Kindheit verbrachte sie im Dorf Nowoalexandrowka, das
17 Kilometer von der Hauptstadt Astana entfernt liegt. Das Dorf wurde
später umbenannt und trägt nun den kasachischen Namen Shibek-Sholy.

Im Jahr 2002 zog Anna zusammen mit ihren Eltern und den beiden älteren Schwestern nach Deutschland: „Wir gehörten zu den Aller-
letzten, die nach Deutschland gekommen sind. Mein Vater hatte zu
Hause eine gute Stelle und wollte überhaupt nicht fahren, hat es dann
aber uns zuliebe getan." Annas Vater war Leiter der örtlichen Verwal-
tung, die mehr als 2.000 Einwohner umfasste. Er machte seine Arbeit
sehr gerne: „Er wollte die ehemalige Sowchose wieder auf Vordermann
bringen. Es gab Zeiten, da war alles schlecht. Zum Beispiel hatten wir
im Dorf kein Licht. Papa nahm zwar irgendwelche Schulden auf, aber
dann hatten wir eines Tages auch Licht. Er brachte das Dorf immer ein
Stück weiter voran und sah die Früchte seiner Arbeit. Ihm fiel es wirklich
schwer, all dies aufzugeben, einfach alles liegenzulassen und wegzufah-
ren: ‚Was wird jetzt aus den Leuten hier?' Schwer fiel es ihm außerdem
auch deshalb, weil er wusste, dass er in Deutschland kaum wieder so
eine Stelle finden würde. Dann aber dachte er vor allem auch an seine
Kinder: ‚Ich will, dass meine Kinder eine Zukunft haben, dass sie etwas
lernen und sorgenfrei leben können.'"

In Kasachstan schloss Anna die Mittelschule ab. Um das Abitur
zu erlangen, fehlte ihr nur noch ein Jahr. In Deutschland wollte Anna mit
der 9. Klasse weitermachen, fand aber lange keine Aufnahme in die
Schule, da sie überhaupt kein Deutsch sprach. An ihre ersten Tage in
Deutschland erinnert sie sich so: „Anfangs war es ziemlich schwer, da
ich kein einziges Wort Deutsch konnte.

Анна и Алексей Грефы

Мы всегда хотели сделать что-то доброе, помочь. Вот и решили пригласить ребенка на лето.

Анна Греф родилась в 1986 году в Казахстане в немецко-русской семье. Ее детство прошло в селе Новоалександровка, расположенном в 17 км от столицы страны, города Астаны. Впоследствие село было переименовано и теперь носит казахское название Жибек-Жолы.

В Германию Анна переехала вместе со своими родителями и двумя старшими сестрами в 2002 году: «В Германию мы приехали самые последние. У моего папы была хорошая работа, он вообще не хотел уезжать, но сделал это ради нас». Отец Анны был руководителем администрации села, в котором проживало более 2.000 человек. Свою работу он очень любил: «Он хотел поднять совхоз. Раньше были времена, когда все шло плохо. Например, в селе не было света. Потом папа как-то в долги влез, и нам свет включили. Вот он поднимал, поднимал село, видел результат. Ему, конечно, было тяжело уезжать оттуда. Так просто все оставить и уехать. Как там народ-то жить будет?». Тяжело ему было уезжать еще и потому, что он понимал, что получить должность такого уровня в Германии ему будет очень сложно. Но в тот момент он думал прежде всего о своих детях: «Хочу, чтобы у детей было будущее, чтобы они сами выучились, без проблем жили».

В Казахстане Анна закончила неполную среднюю школу. Для того, чтобы получить аттестат зрелости, нужно было проучиться еще один год. В Германии Анна хотела пойти в 9 класс, но ее долго не принимали в школу, потому что она совсем не говорила по-немецки. О своих первых днях в Германии Анна вспоминает так: «Было очень сложно поначалу, ведь я не знала ни слова по-немецки.

Mein erster deutscher Satz war: ‚Ich spreche kein Deutsch.‘ Ich habe ihn extra gelernt, weil ich mich davor fürchtete, dass mich eines Tages jemand auf der Straße etwas fragt und ich überhaupt nichts sagen kann. Ich war so froh, dass ich diese vier Worte konnte!“

Schließlich wurde Anna dann doch zum Unterricht zugelassen, als eine große Ausnahme: „Drei Kinder meiner Tante gingen bereits in diese Schule. Sie waren sehr gute Schüler, gaben sich viel Mühe, und deshalb entschied man dort, dass auch ihre Cousine sicher keine Schwierigkeiten machen würde. Ich wurde aufgenommen, die Zensuren ins Deutsche übersetzt – sie waren sehr gut – und ich kam in die 9. Klasse ... Zwei Jahre lang ging ich auf die Realschule. Ich lernte und lernte – am Tag und auch in der Nacht. Ich wusste, dass es um viel ging: Am Anfang muss man einfach durchhalten, danach wird es schon besser ... Ich glaube, es hat drei Jahre gedauert, bis ich alles verstehen und sagen konnte und wahrscheinlich sechs Jahre, bis ich keine Angst mehr hatte.“

Annas Mühen waren nicht umsonst. Sie schaffte einen blendenden Schulabschluss, absolvierte danach eine medizinische Berufsausbildung und arbeitet jetzt als Krankenschwester im Spital der Stadt Bülach in der Schweiz. Die Arbeit gefällt ihr sehr: „Es gibt immer etwas Neues, jeden Tag lernt man dazu. Verschiedene Krankheiten, verschiedene Patienten, da wird es nie langweilig – im Gegenteil, nur spannender.“

Annas Eltern sind ihrer Meinung nach sehr starke Menschen und sie ist ihnen für ihren mutigen Schritt, die Ausreise nach Deutschland, sehr dankbar: „Ich bin ihnen dankbar dafür, dass sie wegen uns nach Deutschland gegangen sind, uns Kindern zuliebe. Hier haben wir eine Zukunft. Ich weiß nicht, wie es dort weitergegangen wäre; ich bin so ein Mensch, der sich zwar angestrengt hätte, aber nicht weiß, was daraus geworden wäre. Deshalb bin ich sehr froh, dass ich ohne irgendwelche Bestechung lernen und einen Beruf ergreifen konnte. Niemandem habe ich je etwas zustecken müssen. In Kasachstan wäre das unmöglich gewesen.“ Anna weiß noch, dass man damals die Leute bestechen musste, um sich an einer staatlichen Hochschule einschreiben zu können: „Diese Praxis war ganz weit verbreitet. Man musste überall etwas bezahlen.“ Anna formuliert dies so, dass ihre Heimat nicht in einem schlechten Licht erscheint.

Первое моё предложение было "Ich spreche kein Deustch". Я выучила его специально, боялась, что кто-то со мной заговорит на улице, спросит меня о чём-то, и я не смогу ничего сказать. Я была так счастлива, что выучила это предложение!». Потом Анну все-таки взяли в школу, сделав большое исключение: «У моей тети трое детей уже ходили в эту школу. Они очень хорошо учились, старались, и поэтому в школе решили, что, наверное, и племянница тоже будет стараться. Меня взяли, перевели отметки на немецкий, это были очень хорошие отметки, поэтому меня и взяли в 9 класс ... Два года я ходила в Realschule. Учила, учила – и ночью учила, и днем учила. Я знала, что это очень важно. Надо сейчас, в первое время, просто потерпеть, а потом будет легче... Думаю, что мне понадобилось три года, чтобы научиться всё понимать и говорить, и, наверное, лет шесть, чтобы перестать бояться». Старания Анны были не напрасны. Она успешно закончила школу, а затем – медицинского училище, и теперь работает медсестрой в больнице города Бюлаха, в Швейцарии. Работа ей очень нравится: «Все время что-то новое, и каждый день чему-то новому учишься. Разные заболевания, разные пациенты, скучать не приходится. Наоборот, так интереснее».

Анна считает своих родителей очень сильными людьми и благодарна им за такой мужественный поступок – переезд в Германию: «Я им благодарна за то, что они сюда переехали ради нас, ради детей. Здесь у нас есть будущее. Я не знаю, какое бы у меня было будущее в Казахстане – конечно, я по жизни такой человек, старательный, но не знаю, что меня бы там ожидало, и поэтому рада, что сама, без всяких подкупов, смогла учиться и устроиться на работу. Мне не надо было никому никакую взятку давать. В Казахстане без этого было бы невозможно». Анна вспоминает, что для того, чтобы в то время поступить в университет на бюджетное место, необходима была взятка: «Это было так распространено. Надо было всегда оплачивать». Но говорит об этом Анна ни в коем случае не для того, чтобы представить свою родину в невыгодном свете.

Im Gegenteil, an ihre Heimat denkt sie mit großer Herzlichkeit: „Ich erinnere mich an meine Kindheit. Ich habe meine Kindheit so gemocht! Bei uns floss ein Bach. Wir waren frei, so frei, wie es hier wahrscheinlich nirgends möglich ist." Manchmal vermisst Anna auch die russische Küche: „Ich esse sehr gern russisch. Ich koche sehr gern, bereite Teigtaschen und Pelmeni zu. In Kasachstan gab es bei uns auch oft Beschbarmak, usbekischen Plov und Schaschlik. Ich mag auch die deutsche Küche, aber die russische will ich nicht missen. Ich mag sie sehr."

Zu Gleichaltrigen in Deutschland hat Anna ein ambivalentes Verhältnis: „Als wir in Hannover gewohnt haben, habe ich mich nicht besonders wohlgefühlt, weil man uns oft anquatschte: ‚Eh, Russen, Russlanddeutsche, du da, was machst du da, was geht ab,‘ und dabei einen russischen Akzent nachäffte." Hier, in Süddeutschland, findet es Anna sehr angenehm: „Mir geht es gut in Deutschland, sehr gut. Vor allem hier im Süden habe ich, glaube ich, zu mir gefunden. Die Leute machen nicht einmal ansatzweise Andeutungen, dass man Russe sei und so einen Akzent habe." Anna tut es nur etwas leid darum, dass ihre kleine Tochter bisher nicht Russisch spricht: „Mit 11 Monaten kam sie in den Kindergarten. Da kann man eben kaum von ihr erwarten, dass sie richtiges Russisch spricht."

Von der Organisation ‚Zukunft für Ritschow‘ erfuhren Anna und ihr Mann Alexej, ebenfalls ein Russlanddeutscher, 2012 zufällig in der Lokalzeitung: „Wir wollten immer schon helfen und einfach etwas Gutes tun. Also haben wir den Sommer über ein Kind bei uns aufgenommen."

Die Kinder sind natürlich ganz unterschiedlich: Es gibt gut erzogene und gehorsame, liebenswürdige und solche, die sich Mühe geben, aber natürlich auch andere. Zu Anna und Alexej kam ein Junge, der nicht ganz einfach war. Trotzdem glauben sie aber, dass diese Reise ihrem Schützling Wadim sehr viel gebracht hat. Er lernte ordentliches Benehmen und wurde auch viel toleranter gegenüber Menschen mit anderer Hautfarbe. Die junge Familie betrachtet die ganze Sache philosophisch und plant schon die Aufnahme weiterer Kinder: „Wir wollen nicht sagen: ‚Einmal ist es schiefgegangen und jetzt ist Schluss.‘ Nein! Die Kinder können doch nichts dafür."

Наоборот, о своей родине она вспоминает с большой теплотой: «Я помню детство. Я так любила свое детство! У нас была такая речка. У нас была свобода, такая свобода, которой тут, наверное, и нет». Скучает Анна иногда и по русской кухне: «Я очень люблю русскую еду. Люблю готовить, готовлю манты и пельмени. В Казахстане мы часто и бишмармак делали, и плов узбекский, и шашлыки. Люблю и немецкую кухню, но от русской не отказываюсь и не хочу отказываться. Мне это очень нравится».

Отношения со сверстниками в Германии у Анны складывались по-разному: «Когда мы жили в Ганновере, я себя чувствовала не так уютно потому, что нам часто говорили: «Эй, Russen, Russlanddeutsche, du, da, was machst du da, was geht ab», имитируя русский акцент». Здесь на юге Германии, Анна чувствует себя иначе: «Я себя чувствую очень хорошо в Германии, очень хорошо. Особенно здесь, на юге, мне кажется, я себя нашла. Люди никогда даже близко не упомянут, что ты русская, что у тебя такой акцент». Анна немного жалеет только о том, что ее маленькая дочка пока не говорит по-русски: «Она с 11 месяцев пошла в садик. Сложно от нее требовать, чтобы она чисто говорила по-русски».

Об организации «Будущее для Ричева» Анна и ее муж, Алексей, тоже российский немец, узнали случайно из местной газеты в 2012 году: «Мы всегда хотели сделать что-то доброе, помочь. Вот и решили пригласить ребенка на лето».

Дети, конечно, есть очень разные: воспитанные, послушные, любознательные, старательные и не очень. Анне и Алексею достался не совсем простой мальчик. Но, несмотря на все трудности, они считают, что эта поездка дала Вадиму, их подопечному, очень многое. Он научился не только хорошим манерам, но и стал более толератным к людям с другим цветом кожи. Молодая семья Грефов смотрит на подобные сложности с детьми философски и планирует приглашать ребятишек и в дальнейшем: «Мы не хотим сказать, что сейчас один раз ошиблись, и все. Нет! Дети тут ни при чем».

Irina und Wilhelm Felde

Meistens, wenn ich spreche, vermische ich deutsche und russische Wörter miteinander und bemerke dies selbst gar nicht. Mich verbessern dann die Weißrussen.

Irina Felde wurde 1968 in der Hauptstadt Kirgisiens, Frunse (Bischkek), in eine deutsche Familie geboren. Ihre Kindheit und Jugend verbrachte sie im Dorf Datschnyi im Kreis Alamudun, ebenfalls in Kirgisien.

Aus Erzählungen von ihrer Mutter weiß sie Folgendes über die Zeit der Kommandantur: „Mit 16 Jahren begann meine Mutter, im Bergbau zu arbeiten. Sie lebte damals in Kirgisien. Ebenfalls im Alter von 16 Jahren zog sie mit ihrer Schwester um und nahm auch am neuen Ort die Arbeit wieder auf. Als sie 25 war, heiratete sie. Später, nach der Grenzöffnung, war die Zeit der Zwangsumsiedlung zu Ende. Darauf folgte der Umzug zurück nach Kirgisien in die Stadt Frunse." Einfach haben sie es auch dort nicht, zum Beispiel machten sich die klimatischen Bedingungen bemerkbar: „Mutter erzählte, dass bei ihnen immer etwas saure, alte Milch stand. Wenn jemand von einem Skorpion gestochen wurde, musste man rasch etwas von dieser Milch auf die Stichstelle geben. Die Milch stank so sehr, dass man es kaum in ihrer Nähe aushielt, aber sie hat immer geholfen."

Irinas Großvater starb noch im Krieg an Typhus. Nach einiger Zeit starb auch die Großmutter: „Es war eine große Familie mit 11 Kindern; bis auf zwei, die bereits im Kindesalter starben, wuchsen alle heran." Einer der Brüder von Irinas Mutter war Soldat: „Er wurde einberufen, dann begann der Krieg, er wurde natürlich gefangengenommen, kam aus der Gefangenschaft wieder frei und wurde dann ins Gefängnis gesteckt, weil er Deutscher war. Sie behielten ihn in Baschkortostan und sagten, er käme nie wieder von dort weg. Später heiratete er und blieb für den Rest seines Lebens in Baschkortostan, fuhr auch nicht mit nach Deutschland."

Ирина и Вильгельм Фельде

Когда я обычно говорю, то не замечаю, как смешиваю русские и немецкие слова. Белоруссы меня поправляют.

Ирина Фельде родилась в 1968 году в столице Киргизии, Фрунзе (Бишкеке), в семье немцев. Детство и юность прошли в поселке Дачный Аламидинского района тоже в Киргизии.

О комендатуре родителей Ирина помнит по рассказам своей мамы: «Моя мама начала с 16 лет работать на шахтах. Она жила в Киргизии. В 16 лет она с сестрой переехала и работала там. В 25 вышла замуж. Потом, когда уже открыли границы, сняли комендатуру, они переехали назад в Киргизию и уже жили во Фрунзе». Это не совсем простой регион, в том числе с точки зрения климатических условий: «Мама рассказывала, что у них всегда стояло кислое, старое молоко. Это на случай, если укусит скорпион. Тогда быстренько надо было приложить молоко к укушенному месту. Молоко было такое вонючее, что невозможно было даже к нему подойти, но оно всегда спасало».

Дедушка Ирины умер от тифа еще во время войны. Спустя некоторе время погибла и бабушка: «У них была большая семья, 11 детей, за исключением двух, умерших в детском возрасте, все выжили». Один из братьев мамы Ирины был военный: «Его призвали в армию, потом началась война, его, естественно, взяли в плен, потом он освободился, из плена попал в тюрьму, потому что он был немцем. Его оставили в Башкирии, сказали выезда у тебя нет. Потом он женился и остался жить в Башкирии, он так и не переехал в Германию».

Auch Irina kam in einer großen Familie zur Welt. Sie hatte fünf ältere Brüder. Zu Hause sprachen alle deutsch. Sehr früh, bereits mit anderthalb Jahren, kam Irina in den Kindergarten, weil ihre Mutter schwer krank war: „Mutter erzählte mir von meinem ersten Tag im Kindergarten. Ich kam heraus und sie fragte mich: ‚Magst du Brot?' Aber ich sagte zu ihr: ‚Nje Brot, a chleb,' und gewöhnte mir ziemlich schnell die deutsche Sprache ab."

1990 kam Irina mit ihrem Mann und ihrem 4 Monate alten Säugling nach Deutschland: „Damals reisten viele aus, weil sie meist auch keine andere Wahl hatten ... Wir kamen in ein Lager und verbrachten dort 5 Jahre. Wir wanderten von Zimmer zu Zimmer und auch unsere Kinder kamen eines nach dem anderen dort zur Welt. Als wir drei Kinder hatten, bekamen wir eine Wohnung."

Irina und all ihre Verwandten wurden von den Deutschen herzlich aufgenommen: „Wir waren sehr viele, die ankamen; damals, 1990, gab es eine regelrechte Welle. Mein Bruder beispielsweise landete zunächst in einem Dorf, wo er einer der ersten war. Die Leute halfen ihm und waren ihm sehr wohlgesonnen." Mit der Zeit aber, so berichtet Irina, veränderte sich das Verhältnis der Einheimischen zu den Neuankömmlingen: „Später wurde jedoch auch anderes berichtet, denn offenbar gefielen nicht jedem diese Bedingungen. Einige der Neuankömmlinge begannen zu provozieren. Sie wollten alles zerstören, verrichteten ihre Notdurft dort, wo sie nicht hingehörte und waren nicht imstande, den Müll zum Abfallbehälter zu bringen. Natürlich bekamen die Deutschen das mit und fanden all dies sehr unpassend. Mancher konnte sich sogar überhaupt nicht in Deutschland eingewöhnen und reiste eines Tages wieder zurück."

Nostalgie oder Sehnsucht für ihre alte Heimat empfand und empfindet Irina nicht, „denn alle Verwandten sind doch hier". Schwer fiel nach Irinas Meinung der Aufbruch vor allem jenen, die schon älter waren oder ein Haus besaßen. „Wir hatten aber eigentlich nichts, wohnten in einem Zimmer im väterlichen Haus." Nach fast 20 Jahren war Irina wieder einmal in Kirgisien: „Wir fuhren 2007 hin. Wir verbrachten dort 4 Wochen und schauten uns alles an. Natürlich war alles fremd, ich hatte in 20 Jahren alles abgelegt. Es hatte sich sehr vieles verändert.

Ирина тоже родилась в большой семье. У нее было пять старших братьев. Дома все говорили по-немецки. Ирина очень рано, в полтора года, пошла в детский сад, потому что ее мама сильно болела: «Мама мне рассказывала про мой первый день в детском саду. Я пришла из садика, и она меня спросила: „Magst du Brot?“. А я ей говорю: «Не Brot, а хлеб», и так я очень быстро отказалась от немецкого языка».

В 1990 году Ирина с мужем и с их 4-месячным ребенком приехала в Германию: «В то время многие ехали, не было просто другого выбора ... Мы попали в лагерь, жили здесь пять лет. Меняли комнатку за комнаткой, там один за другим у нас рождались дети. Когда у нас было уже трое детей, мы получили квартиру». Немцы приняли Ирину и всех её родственников тепло: «Нас было очень много, когда мы приехали, тогда в 90-м году, был сильно большой наплыв. Например, мой брат сначала попал в село, где был одним из первых. Им помогали, люди очень хорошо к ним относились». Но со временем, по словам Ирины, отношение местных немцев к приезжим менялось: «Позже можно было услышать другое, потому что не все люди ценили эти условия. Бывало, что некоторые вели себя вызывающе, пытаясь все поломать, в туалет сходить туда, куда не надо, мусор до контейнера отнести не могли. Конечно, немцы это видели и им было это все неприятно. Некоторые так и не смогли прижиться в Германии и уехали обратно».

Как таковой ностальгии, тоски по родине у Ирины нет и не было, «потому что все родственники здесь». Тяжело было уезжать, скорее всего, тем, считает Ирина, «кто был постарше, у кого были свои дома. У нас в принципе ничего не было, мы жили в отцовском доме, в одной комнате». Спустя почти 20 лет, в 2007 году, Ирина снова побывала в Киргизии: «Мы в 2007 году были там. Ездили на четыре недели, посмотреть как там. Конечно, все чужое, я за 20 лет от всего отвыкла. Очень многое изменилось за это время.

Unser Platz ist hier, unsere Zeit auch. Hierher sind wir gekommen, um zu leben und nicht zu leiden. Alles andere hätte sich nicht gelohnt. Wir waren auch dort die Deutschen."

Durch Herrn Robert Teufel erfuhr Irina von der Organisation ‚Zukunft für Ritschow'. Nachdem sie mit ihrem Mann beratschlagt hatte, beschlossen sie, für die Ferien zwei Mädchen und eine Erzieherin aufzunehmen: „Klar war das etwas schwierig für mich und viel Stress, denn ich musste trotz Gästen arbeiten. Zwar bemühten sie sich zu helfen, aber um ihnen etwas zu zeigen und mit ihnen herumzufahren, dafür braucht man Zeit. Ich aber musste den halben Tag lang arbeiten und kam kaum zu Rande." Dennoch empfindet sie diese Begegnungen als sehr interessant und nützlich. Besonders erkenntnisreich waren für Irina die Unterhaltungen mit der Erzieherin Tatjana. Es war auch eine Art von Russischunterricht: „Meistens, wenn ich spreche, vermische ich deutsche und russische Wörter miteinander und bemerke dies selbst gar nicht. Tanja hat mich dann verbessert."

Wilhelm Felde wurde 1964 in Kirgisien in eine deutsche Familie geboren. An die Kommandantur-Zeit erinnert er sich so: „Mein Vater war in Workuta. Dort gab es viele Gefangenenlager. Er war gerade mal 17 Jahre alt. Auf blinden Ponys brachte er Wasser in die Bergwerke – er hatte sogar gewissermaßen etwas Glück. Später leitete er dann ein Materiallager." 1963 zogen Willis Eltern und seine älteren Brüder nach Kirgisien. Dort wurde Willi, wie auch viele andere Deutsche, in der Schule manchmal geärgert und ‚Faschist' genannt: „Ja, unter Kindern ist das so. Aber es gab nie richtige Kämpfe und Schlägereien. Klar braute sich einige Male etwas zusammen, aber ich war klein und wendig und bis es richtig losging, saß ich schon beim Tee zu Hause. Das war in der Grundschule, später gab es keine Probleme mehr. Nur als Kind eben."

Наше место здесь, наше время здесь. Мы сюда приехали жить, а тосковать, я думаю, не стоит. Мы и там были немцы».

Об организации «Будущее для Ричева» Ирина узнала от Роберта Тойфеля. Посовещавшись, они с мужем решили пригласить двух девочек и воспитательницу на каникулы: «Конечно, тяжеловато для меня было, это больший стресс, потому что мне надо было работать, хотя гости и старались помочь со своей стороны. Ну, конечно, чтобы им что-то показать, куда-то с ними поехать, на все нужно было время, а я половину дня работала, меня просто не хватало на все». Но тем не менее это было очень интересное и полезное знакомство. Особенно плодотворным для Ирины было общение с воспитательницей Татьяной. Это были своего рода уроки русского языка: «Когда я обычно говорю, то не замечаю, как смешиваю русские и немецкие слова. Таня меня поправляла».

Вильгельм Фельде родился в 1964 году в Киргизии в семье немцев. О комендатуре отца вспоминает следующее: «Отец в Воркуте был. Там было очень много лагерей для заключенных. Ему тогда всего 17 лет было. Он возил воду в шахты на слепых пони, то есть ему даже «повезло» в какой-то степени. Работа была сносная. Позже он работал заведующим на складе». В 1963 году родители Вилли и его старшие братья переехали в Киргизию. Здесь Вилли, как и многих других немцев, в школе иногда дразнили и обзывали «фашистом»: «Да, среди детей такое бывает. А так, чтобы лупили или задирались, не было такого. Было пару раз, замахивались, но я был маленький и шустрый, пока замахивались, я уже был дома и чай пил. Это в начальной школе, а потом уже не было проблем. Только в детстве».

Nach der Übersiedlung nach Deutschland nahm Willi umgehend eine Arbeit auf, heute hat er seine eigene Werkstatt. Willi ist Schuster, was inzwischen ein seltener Beruf ist. Seine Kunden kommen aus verschiedenen Städten, selbst aus Hamburg und Berlin. „Er ist ein Alleskönner", sagt Irina, „er repariert auch Taschen und Reißverschlüsse." Willi ergänzt: „Ich tausche bei Uhren die Batterien, schärfe Messer, stelle Gravuren und Schlüssel her."

In Willis Familie wurde immer deutsch gesprochen, „wenn auch nicht immer das beste Deutsch. Aber Mutter unterhielt sich mit uns auf Deutsch, sodass wir es konnten." Auch jetzt merken viele einheimische Deutsche, dass er mit einem anderen Dialekt spricht als sie selbst.

Willis Freunde unterhalten sich öfter mit ihm darüber, was er denn sei, Russe oder Deutscher. Ganz gelassen antwortet er dann: „Wenn ein Schwein im Kuhstall Ferkel bekommt, sind sie dann Kühe? Bin ich ein Russe, nur weil ich dort geboren bin?"

Über Kirgisien erzählen Irina und Willi ihren Kindern: „Wir hatten eine Kuh, Schweine, Gänse, Hühner. Abends musste die Kuh immer gefüttert, Schilfrohr oder noch etwas anderes gesucht werden. Im Sommer haben wir als Schüler auf den Feldern gearbeitet, Rüben oder Weintrauben geerntet und so unser Geld verdient."

Nach den Berichten von Irina und Willi ist Kirgisien „ein sehr schönes und interessantes Land; im Sommer vierzig Grad und nachts nur noch zehn. Aber diesen großen Unterschied spürt man nicht. Die Kälte kühlt alles wieder ab. Morgens kann man die Fenster aufmachen und dann alles wieder schließen. Im Haus lässt sich die Hitze überstehen. Draußen aber kann es eben 40 oder 45 Grad heiß werden."

Die Ausreise nach Deutschland war für Familie Felde die richtige Entscheidung: „Natürlich haben wir es hier mit vielen Dingen leichter, unsere Kinder sind hier viel glücklicher. Wenn sie dort aufgewachsen wären, hätten sie es jetzt ganz schön schwer."

После переезда в Германию Вилли с самого начала пошел работать. У него своя мастерская. Вилли – профессиональный сапожник, что теперь является редкой профессией. Клиенты приезжают к нему из разных городов, даже из Гамбурга и Берлина. Он – мастер на все руки: «Ремонтирует сумки, застежки», – рассказывает Ирина. «Батарейки на часах меняю, ножи шлифую, гравировку делаю, ключи», – добавляет Вилли.

В семье Вилли всегда говорили по-немецки: «Хоть и не на совсем хорошем немецком, но мать с нами разговаривала, поэтому мы немецкий знали». Даже сейчас многи коренные немцы говорят, что Вилли говорит на диалекте больше, чем они сами.

Приятели Вилли частенько заводят с ним разговоры, о том, кто он, русский или немец. На что невозмутимый Вилли отвечает им следующее: «Если свинья в коровник принесет поросят, то они кто, коровы? Если я там родился, значит, я русский, что ли?».

Своим детям Ирина и Вилли рассказывают о Киргизии: «У нас была корова, были свиньи, гуси, куры, вечером надо было еще корову накормить, где-нибудь поискать камыш или еще что-то. Летом мы работали от школы на полях, свеклу собирали или виноград, деньги зарабатывали».

По рассказам Ирины и Вилли, Киргизия – «очень красивая и интересная страна, летом может дойти до плюс сорока, а ночью – до плюс десяти. Но такой большой температурный перепад не чувствуется.. Утром можно открыть окна, а потом все закрыть, в доме можно спасаться от жары. Ведь на улице может быть сорок или сорок пять градусов».

Переезд в Германию семья Фельде считает для себя правильным решением: «Конечно, нам намного проще жить здесь, наши дети здесь намного счастливее. Если бы они росли в то время там, было бы тяжело».

Irina und Willi ziehen folgendes Resümee: „Das alles hat es einmal gegeben, aber das ist eine längst vergangene Zeit. Unsere Kinder werden mit ihren Kindern nicht mehr russisch sprechen; sie verstehen noch einiges, aber russisch zu reden fällt ihnen schon schwer. Alles wird so, wie es auch in Russland war, als viele Deutsche mit einem Mal ihre Muttersprache vergaßen und überhaupt kein Deutsch mehr sprachen."

Подытоживая, Ирина и Вилли заключают: «Вроде недавно и было все это, а уже стало пройденным этапом. Наши дети со своими детьми уже не будут разговаривать по-русски, они еще немного понимают, но говорить им уже трудно. Все будет так же, как и тогда в России, когда многие немцы в определенный момент просто забыли свой родной язык и больше вообще не разговаривали по-немецки».

Paulina Keil

Ich wollte schon immer mit den deutschen Einheimischen in Kontakt kommen, um sie verstehen und mich in diese Gemeinschaft, diese Gesellschaft einfügen zu können.

Paulina Keil wurde 1949 in eine deutsche Familie in Tjumen geboren. An die Erlebnisse ihrer Eltern während der Zwangsumsiedlung erinnert sie sich folgendermaßen: „Meine Eltern kamen in der Autonomen Republik der Wolgadeutschen zur Welt. Im Alter von 16, 17 Jahren wurden sie im September 1941 nach Sibirien deportiert. Dort trafen sie auch zusammen, an der Wolga hatten sie sich noch nicht gekannt. Demnach heirateten sie auch in Sibirien. Wir alle, also auch ich seit 1949, unterlagen den Kommandantur-Bestimmungen. Mein Vor- und Familienname war polizeilich registriert und meine Eltern mussten sich dort jeden Monat melden. So ging es weiter bis 1955. Als meine Eltern wieder einmal bei der Polizei vorstellig wurden, sagte man ihnen: ‚Sie brauchen nicht mehr zu kommen. Die Gänge zur regelmäßigen Meldung sind Ihnen erlassen. Sie sind freie Menschen und können sich an jedem beliebigen Ort innerhalb der Sowjetunion niederlassen.‘ Zu Hause angekommen, ließ ihnen der Gedanke keine Ruhe: ‚Was bedeutet ‚niederlassen‘? Heißt das, wir können auch nach Hause, zurück an die Wolga?‘ Mein Großvater sagte damals zu meiner Mutter: ‚Schreib einen Brief nach Kamyschin, erkläre ihnen die Situation und frage, ob wir an die Wolga zurückkehren dürfen.‘ So tat es meine Mutter. Sie erhielt daraufhin einen Brief vom Polizeichef der Stadt Kamyschin – ich weiß noch seinen Namen: Nowikow – in dem er ausführte, dass wir gern in das Dorf Kulaninka zurückgehen dürften, wo meine Mutter geboren war, aber unter einer Bedingung: Meine Eltern müssten jegliche Arbeit annehmen, die ihnen von der Dorfverwaltung dort angeboten würde. Dies war für meine Eltern kein Problem. Sie waren gerade mal 16, 17 Jahre alt, als sie nach Sibirien gekommen waren. Sie waren beruflich noch nicht festgelegt und konnten sich daher auf alles Neue einstellen.“

Палина Кайль

Я всегда хотела установить контакт с местными немцами, чтобы понять и вжиться в этот коллектив, в это общество.

Палина Кайль родилась в Тюмени, в 1949 году в семье немцев. О комендатуре родителей она вспоминат так: «Мои родители родились на Волге. Им было 16-17 лет в сентябре 1941 года, когда они были депортированы в Сибирь. Там они и встретились. На Волге они друг друга не знали. Поженились они уже в Сибири. Мы все, в том числе и я, с 1949 года, были на учете в комендатуре, то есть мои имя и фамилия оказались записаны в милиции, где каждый месяц мои родители должны были отмечаться. Так продолжалось до 1955 года. Однажды мои родители пришли и им сказали: «Вам больше не нужно приходить. Вы освобождены от комендатуры. Вы свободные люди, и вы свободно можете перемещаться по территории Советского Союза». Когда они вернулись домой, то задумались над этим вопросом: «Что значит перемещаться? Значит, мы можем и домой вернуться, на Волгу?». Мой дедушка тогда сказал моей маме: «Напиши сначала письмо в Камышин, объясни ситуацию и спроси, можем ли мы вернуться на Волгу». Мама так и сделала. Она получила письмо от начальника милиции, я даже фамилию запомнила – Новиков, из города Камышина, где он написал, что мы можем свободно вернуться в село Куланинка, где родилась моя мама, но при одном условии: если мои родители согласятся на любую работу, которую им предложит управляющий села. Это не было проблемой для моих родителей. Им было всего 16-17 лет, когда они приехали в Сибирь. У них никакой специальности тогда не было, да и невозможно было ее приобрести».

Paulina erinnert sich noch immer genau an den Tag der Abreise: „Wir machten noch den Maifeiertag mit. Die Musik kann ich bis heute hören. Am nächsten Tag, dem 2. Mai, saßen wir im Zug und fuhren dann drei Tage lang. Wir hatten einen nagelneuen Nachttopf bei uns, den wir mit Marmelade gefüllt hatten. Die ganze Fahrt über aßen wir Marmelade mit Brot." So kam Paulinas Familie in Kulaninka an, wie Holstein früher geheißen hatte: „Dort war kein Krieg gewesen, aber das Dorf war dennoch halb zerstört. Wir duften ein Haus aus Lehmziegeln beziehen. Eine ganze Traube aus Frauen und Kindern kam auf uns zu. Ein Junge zog an seiner Mutter und sagte zu ihr: ‚Ich dachte, die Deutschen haben alle Hörner, aber die sehen ja aus wie wir.'" Paulina erinnert sich auch noch gut an ihr Haus: „Als wir hineingingen, sahen wir, dass der Fußboden fehlte und in einem Zimmer Mist lagerte."

Ganz langsam lebte sich die Familie im Dorf ein. Das Verhältnis zu den russischen Mitbewohnern war nicht einfach: „Die Russen wollten uns nicht, nannten uns Faschisten und es gab Handgreiflichkeiten. Wir versuchten natürlich, auf solche Provokationen nicht einzugehen. Paulina wurde 1956 eingeschult, kam in die erste Klasse. Eltern und Großeltern bläuten ihrer Tochter ein: „Draußen sprichst du russisch, zu Hause deutsch." „Sie hatten schreckliche Angst", erklärt Paulina, „dass wir die Sprache vergessen, was danach trotzdem allmählich geschah."

Paulina erreichte einen hervorragenden Schulabschluss, absolvierte die pädagogische Hochschule und arbeitete 13 Jahre lang als Mathematiklehrerin an einer Schule auf dem Land. In dieser Zeit heiratete Paulina und brachte auch ihre Tochter Eugenia zur Welt. Danach zog Paulina mit Mann und Tochter nach Kamyschin und war auch dort wieder als Lehrerin tätig. 1989 tat sich die Möglichkeit auf, nach Deutschland auszureisen: „Zuerst fuhren mein Bruder mit seiner Familie und meine Eltern. Ein Jahr später folgte ich mit meiner Tochter nach. 1990 reiste auch meine Schwester mit ihrer Familie aus. Alle fuhren sie natürlich ins Ungewisse – keiner wusste, was ihn erwarten würde."

Палина до сих пор отчетливо помнит день отъезда: «1-го мая мы еще были на празднике в Тюмене. Я до сих пор помню эту музыку. А на следующий день, 2-го мая, мы сели в поезд и три дня ехали. С собой у нас был совершенно новый ночный горшок, в который мы положили варенье. И вот это варенье с хлебом мы и ели всю дорогу». Так Палина с семьей оказались в Куланинке, в бывшем немецком селе Хольштайн: «Там не было войны, но село было полуразрушено. Нам разрешили занять один саманный дом. Встречала нас целая куча женщин и детей. И один мальчишка, помню, дергает свою мать и говорит: «Я думал, что немцы с рогами, а они такие же как и мы». Палина также хорошо помнит свой дом: «Когда мы в него вошли, в нем не было пола, а в одной из комнат лежал навоз».

Постепенно семья начала обживаться в селе. Отношения с русскими односельчанами складывались непросто: «Русские нас не хотели, обзывали нас фашистами, были драки. Мы старались, конечно, на провокации не поддаваться». В 1956 году Палина пошла в школу, в первый класс. Родители, бабушка и дедушка наказывали девочке: «На улице – по-русски, а дома – по-немецки». «Они страшно боялись, – объясняет Палина, – что мы забудем язык, что постепенно потом все-таки произошло».

Палина прекрасно закончила школу, педагогический институт и 13 лет проработала учителем математики в сельской школе. За это время она вышла замуж и родила дочь Евгению. После с дочкой и мужем переехала в Камышин. Там Палина тоже преподавала. В 1989 году появилась возможность уехать в Германию: «Сначала это сделали мой брат с семьей и мои родители. Я с дочерью уехала годом позже. Также в 1990 году уехала и моя сестра с семьей. Ехали, конечно, в неизвестность. Не знали, что нас ждет».

Die erste Zeit im fremden Land war auf jeden Fall hart: „Es war natürlich nicht einfach, sondern sogar sehr, sehr schwer. Ich stellte den Wecker immer auf fünf Uhr, lernte anschließend Deutsch und weckte um sieben Uhr meine Tochter, die zur Schule musste. Ein Jahr lang besuchte sie die Hauptschule in der 5. Klasse. Nach der 5. Klasse konnte sie aufs Gymnasium wechseln, weil sie gute Noten hatte.“

Paulina fand dennoch eine Arbeit. Sie wurde als Sekretärin an das Gymnasium Tiengen geholt: „Der Schulleiter war ein Mensch, der mir eine Chance geben wollte. Er wollte ganz allgemein den Menschen helfen, die hierher kamen. Er wollte die Menschen unterstützen.“ Paulina freute sich natürlich sehr, machte sich aber auch Sorgen und „zitterte wie Espenlaub“. Bald darauf trat sie ihre Stelle an: „Das war nicht leicht. Ich ging immer wieder auf die Toilette, schloss mich dort ein und heulte. Ich konnte einfach die Sprache nicht gut genug, konnte vieles nicht gut genug. Ausgerechnet zu der Zeit starb auch noch meine Mama und kurz darauf mein Papa.“

Doch Paulina gab nicht auf. Sie nahm private Deutschstunden, paukte die Grammatik und las viel. Nach 10 Jahren beging der Schulleiter ein kleines Jubiläum und machte Paulina ein großes Kompliment: „Frau Keil, in 10 Jahren könnte ich Russisch nie so lernen, wie Sie Deutsch gelernt haben.“ Dieses Kompliment war absolut verdient.

Tochter Eugenia wuchs heran, schloss Schule und Ausbildung ab. Heute lebt und arbeitet sie in London, in der Filiale einer deutschen Bank. Oberbürgermeister Martin Albers machte sogar einen Scherz darüber: „War für Ihre Tochter Deutschland nicht westlich genug?“ Erst unlängst wurde sie Großmutter, worüber sie besonders glücklich ist. Sie hofft, dass der kleine Maxim einmal nicht nur perfekt englisch, sondern auch deutsch und russisch sprechen wird.

Paulina begegnete der Organisation ‚Zukunft für Ritschow‘ durch Frau Hadwig Hermann, eine Deutsch- und Französischlehrerin. Sie arbeiteten zusammen am Gymnasium. Sie ist überzeugt, dass so ihre Kompetenzen gefordert werden: „Wenn Hilfe benötigt wird, bin ich immer dabei. Wenn etwas übersetzt werden muss, bin ich zwar kein Fachübersetzer, aber soweit ich helfen kann, tue ich es auch.

Первое время было действительно очень тяжело: «Было, конечно, нелегко, было очень тяжело, очень-очень. Я всегда будильник ставила на 5 часов, просыпалась и до 7 учила немецкий. В 7 часов будила дочку в школу. Дочь проучилась один год в 5 классе в Hauptschule. Потом ее перевели в гимназию, потому что были хорошие отметки».

Палине все-таки повезло, она нашла работу. Ее приняли секретарем в гимназию города Тингена: «Директор школы оказался отзывчивым человеком, и хотел дать мне шанс. Вообще, он всегда помогал людям, приехавшим сюда и поддерживал их». Палина, конечно же, очень обрадовалась, но и переживала не на шутку, «дрожала как осиновый листочек». Вскоре она вышла на работу: «Это было непросто. Я часто уходила в туалет, закрывалась и рыдала. Мне не хватало знания языка. Мне многого не хватало. Самое страшное то, что в это время умерла моя мама, а потом сразу же умер папа».

Но Палина не сдавалась. Она брала частные уроки немецкого языка, усиленно занималась грамматикой, много читала. Через 10 лет, когда отмечали маленький юбилей в школе, шеф сделал Палине большой комплимент: «Frau Keil, nach 10 Jahren könnte ich Russisch nie so lernen, wie Sie Deutsch gelernt haben». Это была действительно заслуженная похвала.

Дочка Женя подросла, закончила школу, получила образование и теперь живет и работает в Лондоне, в филиале немецкого банка. Обербюргермайстер Мартин Альберс даже пошутил по этому поводу: «War für Ihre Tochter Deutschland nicht westlich genug?». А недавно Палина стала бабушкой, что делает ее особенно счастливой! Она надеется, что маленький Максим будет не только прекрасно говорить по-английски, но и по-немецки и по-русски. С организацией «Будущее для Ричева» Палина познакомилась через учительницу немецкого и французского языков Хадвиг Херманн. Они вместе работали в гимназии. Палина считает, что таким образом востребованы ее компетенции: «Если нужна помощь, я никогда не откажу. Если что-то где-то нужно перевести, (хотя я, конечно, не профессиональный переводчик) или нужна помощь, я всегда, что смогу, то сделаю.

Manchmal sind Musikstudenten aus Minsk bei uns zu Gast, die auf Konzertreisen hierher kommen." In dieser gemeinnützigen Arbeit sieht Paulina auch die Chance, den einheimischen Deutschen näherzukommen: „Vom ersten Augenblick an, seitdem ich hier lebe, überlegte ich immer, wie ich mit den hier angestammten Deutschen in Kontakt kommen könnte, denn nur über Kontakte kann ich hier vieles erlernen. Ich wollte mich unbedingt in die hiesige Gemeinschaft und Gesellschaft einleben und ich glaube, das habe ich geschafft."

Когда к нам с концертами приезжают студенты-музыканты из Минска, то они иногда у нас останавливаются». В общественной работе Палина видит также возможность поближе познакомиься с коренными немцами: «С той первой минуты, что здесь живу, я всегда думала, как бы наладить контакты с местными немцами, потому что только так я могу многому здесь научиться. Я действительно хотела вжиться в этот коллектив, в это общество, думаю, мне это удалось».

Alexander Schmidt

Ich komme beim Verein „Zukunft für Ritschow" mit Gleichge-
sinnten zusammen, treffe auf interessante Leute. Sie sind jeder-
zeit bereit zu helfen und andere Denkweisen zu verstehen.

Alexander Schmidt wurde 1974 in der Stadt Frunse (Bischkek), Kirgisien, in eine deutsche Familie geboren. 1990 siedelte er mit seinen Eltern und den zwei jüngeren Brüdern nach Deutschland über.

Aus seiner Kindheit berichtet Alexander: „In unserem Dorf waren fast alles Deutsche. Wir hatten nicht das Gefühl, etwas anderes zu sein. Auf unseren Geburtsurkunden war ,deutsch' eingetragen, wir hatten deutsche Familiennamen. Wir haben aber miteinander russisch gesprochen und uns, sagen wir, als Sowjetbürger gefühlt … Ich erinnere mich, dass es nur einen Schüler in meiner Klasse gab, bei dem zu Hause alle deutsch sprachen. Ich kenne das Gefühl noch sehr genau – ich war grün vor Neid, denn bei uns zu Hause gab es das nicht. Dieser Schüler war insgesamt eher schwach, aber in Deutsch bekam er immer Einsen und Zweien."

Alexander sprach nur mit seiner Großmutter deutsch, denn sie konnte nicht russisch: „Ich weiß noch, dass ich bis zu Großmutters Tod immer vor dem Schlafengehen gebetet habe. Wir schliefen in einem Zimmer, sie in ihrem Bett und ich in meinem. Stets vor dem Zubettgehen knieten wir uns hin und beteten. Diese Gebete sprachen wir auf Deutsch, ich kannte sie auswendig. Aber dann starb Großmutter und es war Schluss. Klar hatten wir auch in der Schule Deutsch, aber die Eltern sprachen es zu Hause nicht. Nur manchmal tuschelten sie etwas auf Deutsch. Ich verstand alles und war der Übersetzer für meine Brüder." Die Sprachenpolitik in der Sowjetunion beschreibt Alexander so: „Das hatte mit der Deportation zu tun. Im Kreml wurde beschlossen, dass alle Russlanddeutschen über die gesamte Sowjetunion so verteilt werden sollten, dass in jedem Dorf zwei, vielleicht drei Familien unterkamen. Während der nachfolgenden 40 Jahre sind zwei Generationen herangewachsen, die zum Russischsprechen gezwungen waren.

Александр Шмидт

*В организации «Будущее для Ричева» я встречаю едино-
мышленников, интересных людей. У них есть желание всегда помочь, понять инакомыслящих.*

Александр Шмидт родился в 1974 году в городе Фрунзе, в Киргизии, в семье немцев. В 1990 году вместе с родителями и двумя
младшими братьями переехал в Германию.

О своем детстве Александр вспоминает так: «У нас в селе
были почти все немцы. Мы не чувствовали себя другими. В сви-
детельстве о рождении у нас было написано «немец», у нас были
немецкие фамилии. Но мы все разговаривали по-русски и чувствовали себя, наверное, советскими гражданами ... Я помню, у
меня был только один одноклассник, в семье которого все дома
говорили по-немецки. Хорошо помню это чувство: я им завидовал
по-белому, у нас дома этого не было. Этот мальчик в школе очень
плохо учился, а немецкий у него был всегда на «четыре» или на
«пять»».

По-немецки Александр говорил только со своей бабушкой,
которая не владела русским языком: «Помню, до самой смерти бабушки я с ней всегда молился перед сном. Мы в одной комнате
спали, она на своей кровати, я – на своей, мы всегда перед сном
вставали на колени и молились. Эти молитвы были на немецком
языке, я знал их наизусть, потом бабушка умерла и все. Да, в
школе нам преподавали, конечно, немецкий язык, но родители
дома не разговаривали, они только иногда секретничали на немецком. Но я все понимал и был переводчиком для братьев». Языко-
вую политику Советского государства Александр объясняет так:
«Это было связано с депортацией. Кремль распорядился рассе-
лять всех русских немцев по всему Советскому Союзу так, чтобы
на одно село приходилось две-три семьи. За последующие 40 лет
выросло два поколения, которые вынуждены были говорить по-
русски.

So hat die russische Sprache die deutsche verdrängt. Die Alten, die sehr gut Deutsch konnten, starben; die Jüngeren aber sprachen und fühlten sich schon russisch oder, nun ja, als Sowjetmenschen. Deutsche Schulen wie früher an der Wolga gab es nicht mehr. Es gab nur noch russische Schulen."

Vom Leben in Kirgisien und überhaupt in der Sowjetunion berichtet Alexander: „Es gab Korruption. Man musste jeden schmieren, um im Leben weiterzukommen. Ohne ‚Vitamin B' ging gar nichts." An eine Begebenheit erinnert er sich noch heute: „Meine Eltern reichten die Unterlagen für die Ausreise nach Deutschland ein. Vor uns war irgend so ein hohes Tier aus unserem Dorf an der Reihe. Die Behörde entschied, dass wir zu ihm gehören. Mir scheint, er hatte bereits bezahlt, aber von uns verlangten sie gar nichts. Vielleicht hat auch jemand Andeutungen gemacht, aber wir haben zumindest überhaupt nichts verstanden." Bezahlen musste man für eine schnelle, unkomplizierte Bearbeitung der Dokumente. Alexander vermutet, dass sie einfach Glück hatten.

Mit 17 Jahren kam Alexander nach Deutschland. Er nahm sofort eine Arbeit auf, um seine Eltern zu unterstützen: Das war eben so als ältestes Kind in der Familie. Nach einiger Zeit begann er eine Ausbildung. Natürlich war dies nicht leicht: „Man hat sich über uns lustig gemacht, weil wir anders waren. Wir sprachen ein anderes Deutsch, dachten und handelten anders. Dass sie über uns spotteten, war deutlich zu spüren. Die Mitschüler grenzten uns einfach aus. Einige waren arrogant, andere einfach schlechte Menschen." Während der Lehre freundete sich Alexander mit einem anderen Deutschen an, der aus der Ukraine stammte: „Als seine Familie nach Deutschland kam, war er 5 Jahre alt. Er sprach nicht russisch, half mir aber und war immer bei mir. Ich denke, dass auch er sich manchmal nicht als Deutscher fühlte."

Таким образом, русский язык заменил немецкий. Старики, которые очень хорошо знали немецкий, умерли, а молодые уже разговаривали и чувствовали себя русскими, или, так сказать, советскими людьми. Немецких школ, как на Волге, уже больше не было. Были только русские школы».

О жизни в Киргизии и вообще в СССР Александр говорит так: «Там была коррупция. Надо было всех подкупать, чтобы продвинуться дальше в жизни. Нужны были связи и блат». Он до сих пор отчетливо помнит один эпизод: «Мои родители подали документы на выезд в Германию. Перед нами была какая-то «важная птица» из нашего села. В ведомстве решили, что мы с ней. Похоже, она уже заплатила и с нас ничего не потребовали. Может быть, и намекали, просто мы ничего не поняли». Заплатить нужно было за быстрое рассмотрение документов, без задержек. Александр считает, что им просто повезло.

Александр оказался в Германии в возрасте 17 лет. Сразу же пошел работать, чтобы помогать родителям: ведь он был старшим ребенком в семье. Спустя какое-то время начал учиться. Было, конечно, непросто: «Над нами посмеивались, потому что мы были другие. По-другому разговаривали по-немецки, по-другому мыслили, поступали. Однокурсники нас просто сторонились. Некоторые были высокомерные, некоторые просто нехорошие люди были». Во время учебы Александр подружился с другим немцем, который родился на Украине: «Ему было пять лет, когда они переехали в Германию. Он по-русски не разговаривал, но помогал мне, всегда был со мной. Я думаю, наверное, он тоже себя не всегда чувствовал немцем».

Nach dem Abschluss der Fachschule als Mechaniker begann Alexander ein Übersetzerstudium an einer Fachhochschule: „Von diesem Beruf habe ich immer geträumt." Als ehrenamtlicher Dolmetscher beim Deutschen Roten Kreuz lernte er Frau Hedwig Müller kennen, die Leiterin des gemeinnützigen Vereins ‚Zukunft für Ritschow': „Es kam eine Kindergruppe aus Weißrussland und meine Frau und ich boten an, bei der Auswahl von Bekleidung zu helfen. Es sind doch Kinder. Sie kennen sich nicht mit Kleidergrößen aus und nehmen nur Grelles oder Buntes, ohne an richtige Wintersachen zu denken." So fasste Alexander langsam Fuß in der gemeinnützigen Arbeit: „Ich treffe dort auf Gleichgesinnte, interessante Leute. Die meisten von ihnen sind Rentner. Sie haben in ihrem Leben schon viel gesehen. Es sind sehr kluge, interessante Menschen, die so viel Gutes tun. Sie sind stets bereit zu helfen und die Denkweisen anderer Leute zu verstehen. Sich mit ihnen zu treffen macht viel Freude." Alexander ist verheiratet und Vater einer kleinen Tochter. Deshalb hält er es für sehr wichtig, dass die weißrussischen Kinder wenigstens ähnliche Möglichkeiten haben sollten wie seine Tochter, die in Deutschland aufwächst.

После того как Александр закончил техникум по специальности «механик», пошел учиться в вуз на переводчика: «Я всегда мечтал об этой профессии». Как раз в качестве переводчика-волонтера Немецкого Красного Креста Александр познакомился с Хедвиг Мюллер, руководителем общественной организации «Будущее для Ричева»: «Приехала группа детей из Белоруссии, и меня с женой пригласили помочь им в выборе одежды. Это ведь дети. Они не очень хорошо разбираются в размерах, берут только что-то яркое и совсем не думают о зимних вещах». Так постепенно Александр втянулся в общественную работу: «Я там встречаю единомышленников, интересных людей. Большинство из них пенсионеры. Они, можно сказать, уже почти прожили жизнь. Это очень умные, интересные люди, они многое понимают. У них есть желание помочь, понять инакомыслящих людей. С ними очень интересно встречаться». У Александр есть семья, растет дочка. Поэтому он считает важным, чтобы и у белорусских детей были почти такие же возможности, как и у его дочери, растущей в Германии.

Natalie und Eugen Schmidt

Mir tun die Kinder von Herzen leid. Sie können nichts dafür, wie sie jetzt leben. Wenn man also helfen kann, warum nicht?

Natalie Schmidt wurde 1980 in eine russisch-deutsche Familie geboren. Sie verbrachte ihre Kindheit im Dorf Bagrat in der Region Krasnojarsk (heute gehört dieses Teilgebiet zur Republik Chakassien), Russland. In dem Dorf, in dem Natascha lebte, sprach so gut wie niemand deutsch, obwohl dort viele Deutsche wohnten: „Russisch ging einfach leichter, da zum einen meine Eltern ohnehin schon russisch sozialisiert waren und außerdem mein Vater Russe war." Als Kind besuchte Natascha die Musikschule, konnte sie aber nicht abschließen. Den Grund dafür erläutert sie so: „Die Lehrer gingen alle weg, es blieb nur eine Lehrerin, die bereits viele Kinder unterrichtete und kein weiteres mehr aufnehmen konnte." Das Dorfleben war nicht besonders einfach, vor allem nicht in den neunziger Jahren: „Mama wusste oft nicht, was sie kaufen sollte – Lebensmittel für die Familie oder neue Winterstiefel für sich. Die Folge war, dass sie nie richtige Winterschuhe besaß."

Als Deutsche fühlte sich Natascha vor allem bei ihrer Großmutter; besonders dann, wenn diese Berliner Pfannkuchen oder Sauerkraut und Kartoffelbrei zubereitete. Die Speisen wurden immer mit ihrer deutschen Bezeichnung benannt, also zum Beispiel „Kraut und Brei". Manchmal kochte die Großmutter auch Pelmeni, ein typisch russisches Gericht; „aber sie würzte sie immer ganz anders".

Vor allem durch die Großmutter fiel die Entscheidung, nach Deutschland zu gehen. Nataschas erste Eindrücke in Deutschland waren „ein Schock, wenn man nichts versteht und auch von niemandem verstanden wird. Wenn du nicht verstanden wirst, ist das schon ziemlich hart. Aber wir Kinder haben uns leichter an alles gewöhnt als die Erwachsenen. Sie hatten ja schon den größten Teil ihres Lebens in Russland verbracht. Hier mussten sie im wahrsten Sinne noch einmal ein neues Leben beginnen."

Наталья и Евгений Шмидты

Мне от всего сердца жалко детей. Они же не виноваты, что так живут. Если есть возможность, почему бы и не помочь?

Наталья Шмидт родилась в 1980 году в русско-немецкой семье. Детство Наташа провела в селе Баграт Красноярского края (теперь это территория Республики Хакасия) в России. В селе, где жила Наташа, по-немецки практически никто не говорил, хотя проживало очень много немцев: «По-русски было просто удобней, потому что у родителей социализация прошла уже в России, тем более мой папа был русским». В детстве Наташа ходила в музыкальную школу, но ее, к сожалению, не закончила. Причину Наташа объясняет так: «Учителя разбежались, осталась только одна учительница, у нее уже было много учеников, и больше она никого не брала». Жизнь в селе не была привлекательной, особенно сложно стало в 90-е годы: «Мама часто думала, что купить: продукты семье или себе сапоги на зиму и в результате всегда оставалось без обуви».

Немкой Наташа себя ощущала у бабушки, особенно тогда, когда та готовила кребли и капусту с пюре, но называли это всегда по-немецки – краут унд прай. Даже пельмени, типичное русское блюдо, бабушка готовила иначе: «Она лепила их совсем по-другому».

Именно бабушка приняла решение о переезде в Германию. Первые впечатления Наташи о Германии – это «шок», «потому что не понимаешь ничего и тебя никто не понимает. Это же очень тяжело, когда тебя никто не понимает. Но нам, детям, было все равно легче адаптироваться, чем взрослым. Они ведь большую часть своей жизни там прожили. А здесь они, можно сказать, жизнь заново начинали».

In Russland erwarb Natascha den Mittelschulabschluss. In Deutschland besuchte sie zunächst Lehrgänge im Rahmen des Berufsfindungsjahrs, ging dann auf eine Berufsschule und erlernte den Beruf Konditoreifachverkäuferin. An ihre Ausbildung erinnert sie sich so: „Es war schwer. Mit der Sprache gab es Probleme. Wie ich sie gelöst habe? Ich habe irgendwo im Wörterbuch nachgeschaut. Viel schwerer waren aber die Spielregeln dort. Ich war diese doch nicht gewohnt. Aber irgendwie habe ich mich zurechtgefunden." Nachdem Natascha eine Zeit lang ihren Beruf ausgeübt hatte, lernte sie ihren späteren Mann Eugen kennen. Auch er war ein Russlanddeutscher. Familie Schmidt hat heute zwei Töchter (6 und 10 Jahre alt).

Nataschas Kontakt zu den einheimischen Deutschen ist gut. Noch immer wundert sie sich über die deutsche Gastfreundschaft: „Wie sie essen, ist schon etwas seltsam. Wenn zum Beispiel Gäste eingeladen sind und etwas zum Essen mitbringen und dann davon etwas übrig bleibt, können sie es wieder mit nach Hause nehmen. So war das bei uns nie. Wenn wir deutsche Gäste haben, sind sie immer überwältigt von der Fülle an Speisen bei uns."

Von der Organisation ‚Zukunft für Ritschow' erfuhr Natascha durch Bekannte und beschloss sofort, Pakete mit Kinderspielzeug und -bekleidung zu packen, die ihre Mädchen nicht mehr brauchten: „Mir taten die Kinder leid. Mir taten sie von ganzem Herzen leid, sie und wie sie leben mussten. Wenn die Möglichkeit besteht, warum soll man dann nicht helfen? Es ist nur eine kleine Hilfe. Ich habe so etwas auch noch nie gemacht, um sagen zu können, dass ich helfe. Vielmehr sind das doch nur Kleinigkeiten."

В России Наташа закончила неполную среднюю школу. В Германии сначала пошла учиться на курсы BFJ, а потом – в техникум на специальность «продавец кондитерских товаров». О своей учебе вспоминает так: «Было трудно. Были проблемы с языком. Как я их решала? Где-то в словаре подсматривала, где-то еще как-то. Но сложнее всего было понять их правила игры. Я ведь здесь с этим не жила. Ну, ничего, выкрутилась как-то». По специальности Наташа работала недолго. Вскоре она познакомилась со своим будущем мужем, Евгением, тоже российским немцем и теперь в семье Шмидтов растут две дочки (6 и 10 лет).

Контакты с местными немцами складываются у Наташи хорошо, правда, ее до сих пор удивляет немецкое гостеприимство: «Покушать – это интересно у них. Они, допустим, даже если в гости приходят и что-то с собой приносят, могут домой это забрать, если что-то осталось. Мы так никогда не делали. Когда они у нас бывают, то всегда в шоке от обилия еды».

Об организации «Будущее для Ричева» услышала от знакомых и сразу же решила собрать пакеты с детскими игрушками и одеждой, из которой девочки уже выросли: «Жалко мне их. Ну от всего сердца жалко мне их, что у них вот так. Они же не виноваты, что они так живут. Если есть возможность, почему бы и не помочь? Это ведь небольшая помощь. Я еще ничего такого и не сделала, чтобы действительно сказать, что это помощь. Нет, это же мелочи».

Frieda und Viktor Schmidt

Damals, 1986, sollte ich zum Kernkraftwerk in Tschernobyl fahren. Aber dann nahmen sie nur die ersten fünf Leute, die auf der Liste standen. Die Liste war alphabetisch geordnet. Mein deutscher Familienname Schmidt hat mich vor den möglichen Folgen eines Aufenthalts im radioaktiven Sperrgebiet von Tschernobyl bewahrt.

Frieda Schmidt kam 1950 in einer deutschen Familie im Dorf Nishnij Tschujsk, Kirgisien, zur Welt. Folgendes weiß sie über ihre Mutter während der Zeit der Kommandantur zu berichten: „Mutter wurde in die Arbeitsarmee gesteckt, als sie 21 Jahre alt war. Sie erzählte, dass es kalt war und sie in zugigen, kalten Holzbaracken lebten; dass sie solche Sehnsucht nach Zuhause hatte, nur um sich einmal wieder aufwärmen zu können. Bis nach Hause waren es aber 50 Kilometer. Sie fanden sich in Gruppen zusammen, aus unserem Dorf 8 bis 10 Leute, und auch aus anderen Dörfern, und flüchteten. Diese 50 Kilometer sind sie nachts gelaufen und gerade zum Morgen daheim angekommen. Kaum hatte sie sich hingelegt und wollte nichts weiter als sich aufwärmen, klopfte es schon am Fenster. Mutter schaute hinaus, dort standen die Reiter mit Maschinenpistolen oder Gewehren. Alle kamen heraus, wurden wieder eingesammelt und zurückgetrieben. Sie mussten rennen, aber die Soldaten ritten, und so ging das die ganzen 50 Kilometer." In der Arbeitsarmee musste Friedas Mutter zusammen mit den anderen Deportierten per Hand den Großen Tschu-Bewässerungskanal ausschachten.

Nach 1955 durfte die deportierten Deutschen wieder zurück an die Wolga ziehen. Jemand aus Friedas Verwandtschaft fuhr auch tatsächlich hin, um nachzuschauen: „In unseren Häusern wohnten schon fremde Leute und weder wir noch irgendeine Behörde hätte sie wieder hinausbringen können." Also blieb Friedas Familie in Kirgisien. Die Beziehungen zu den Russen waren schwierig: „Die russischen Mädchen riefen uns ständig mit extra spitzen, harten Lauten: ‚Kraut-Wurst-Deutsche!' Das war beleidigend.

Фрида и Виктор Шмидты

Я должен был поехать на Чернобыльскую АЭС тогда, в 1986 году. Но взяли первых пять человек, которые были в списке. Список был составлен по алфавиту. Моя немецкая фамилия Шмидт спасла от возможных последствий пребывания в чернобыльской зоне.

Фрида Шмидт родилась в Киргизии, в селе Нижний Чуйск, в 1950 году, в семье немцев. О комендатуре родителей вспоминает так: «Мама попала в трудармию, когда ей был 21 год. Она говорит: «Холодно было, в бараках жили в деревянных, там и сквозит, и холод, а так хотелось домой, просто согреться. А до дома 50 километров». Они собирались группами, например из нашей деревни, из другой деревни, всего человек 8-10, и убегали. Она говорит: «Мы эти 50 километров ночью пробегали, только к утру доходили до дома. Ляжешь, только согреешься, и уже в окно стучат». И мама ее смотрит в окно и говорит: «Ой, уже стоят на конях, с автоматом или ружьем!». Потом всех собирали и гнали назад. Они бегом, а военные на лошадях, и так 50 километров». В трудармии мама Фриды вместе с другими ссыльными вручную копала оросительный канал БЧК (Большой Чуйский канал).

После 1955 года можно было вернуться обратно на Волгу, и один родственник действительно поехал туда посмотреть, как там дела: «В наших домах уже жили чужие люди и выселить их оттуда ни мы, ни власть уже не могли». Так семья Фриды и осталась в Киргизии. Отношения с русскими складывались не просто: «Русские девчонки нас постоянно обзывали: «немец-перец-колбаса». Это было обидно.

Wir kamen nach Hause, weinten und beschwerten uns bei Mutter, aber was haben die Eltern dann gemacht? Nichts – wir waren Deutsche. Aber wir wurden groß, gingen zur Schule und zum Tanzen, arbeiteten zusammen und lebten ganz gut, aber das war erst später. Als Kinder jedenfalls wurden wir andauernd gehänselt.“

Während der vielen Jahre des Zusammenlebens änderte sich die Situation freilich. Frieda erinnert sich an den Tag ihrer Abreise nach Deutschland: „Als wir abfuhren, gab es in unserem Dorf nur 20 Prozent Russen. Sie alle begleiteten uns. Unsere Nachbarin, Lidija Wassiljewna, weinte. Auch andere Frauen umarmten uns und weinten. So sind sie, die Fritzen, sind in all den Jahren wie Verwandte geworden; und egal, ob man tags oder nachts an ihre Tür klopft – sie geben immer Geld und Brot.“

1990 zog Familie Schmidt nach Kiel: „Unser Hotel lag nahe am Meer und hatte 18 Stockwerke. Es war vom Deutschen Roten Kreuz angekauft worden und beherbergte nur Übersiedler aus Polen, Rumänien und der UdSSR. Unsere ersten Eindrücke waren sehr positiv. Wir gingen ans Meer, dass wir während unseres ganzen bisherigen Lebens noch nicht gesehen hatten. Es gab überall kleine Seen mit Fischen, wir schauten und fütterten die Enten. Das war sehr schön. Wir blieben dort eine Woche, dann wurden uns die Papiere ausgestellt und wir fuhren nach Baden-Württemberg, nach Tübingen. In Tübingen kamen wir in eine ehemalige US-Kaserne und verbrachten dort zwei Wochen. Wir waren zwei Familien und bewohnten ein Zimmer mit einfachen Doppelstockbetten. Das Essen war gut, es gab einen Koch und alles war in Ordnung. Aber ich erlitt dort einen Nervenzusammenbruch. Ich habe geweint, und wie! Sogar meine Nerven fingen an zu kribbeln. Ich wurde mir darüber bewusst, dass es kein Zurück mehr gab. Alle beruhigten mich: ‚Nicht weinen, du gewöhnst dich daran!‘ Und wir haben uns daran gewöhnt.“

Familie Schmidt lebte lange in einem Aussiedlerlager in Jestetten. Sie teilten sich mit der Familie des älteren Bruders drei Zimmer und waren insgesamt 11 Leute: 4 Erwachsene und 7 Kinder. In der Küche lernten die Kinder und die Frauen kochten. Das war ziemlich schwer.

Придем домой, плачем, маме жалуемся, а что родители сделают? Ничего, мы были немцы. А потом мы выросли, пошли в школу, ходили на танцы, вместе работали и вот так хорошо жили, но это потом уже. А когда детьми были, то обзывали нас».

За много лет жизни вместе ситуация, конечно же, изменилась. Фрида вспоминает день отъезда в Германию: «Когда мы уезжали, в нашей деревне было только процентов 20 русских. Они все пришли нас провожать. Наша соседка Лидия Васильевна плакала. И другие женщины тоже обнимали нас и плакали. Вот тебе и «немец-перец-колбаса», через столько лет как родные стали, хоть днем, хоть ночью постучись, всегда и деньги займут, и хлеб дадут».

В 1990 году семья Шмидтов переехала в Киль: «Наш отель был расположен около моря, 18 этажей. Немецкий Красный Крест закупил его, и там были одни переселенцы из Польши, Румынии и СССР. У нас были очень хорошие первые впечатления. Мы ходили на море, которого в жизни не видели, там везде были маленькие озерки, рыбки, мы смотрели, уточек кормили. Это было очень хорошо. Неделю мы там прожили, нам оформили документы, и потом мы поехали в Баден-Вюртемберг, в Тюбинген. В Тюбингене мы оказались в казарме, где жили американские солдаты, и там мы прожили две недели. Нас было две семьи в одной комнате, там стояли двухэтажные койки. Кормили хорошо, повар был, все нормально. Но там у меня случился нервный срыв. Ой, как я плакала, как я плакала! Я начала даже чесаться на нервах. Я понимала, что обратно дороги нет. Меня все успокаивали: «Не плачь, ты привыкнешь». Ну, вот так и привыкла».

Семья Шмидтов долгое время жила в лагере для переселенцев в Йештеттене. Три комнаты они делили вместе с семьей старшего брата, всего 11 человек: четверо взрослых и семеро детей. На кухне дети делали уроки, а женщины готовили. Было очень тяжело.

Anfangs hatte Frieda großes Heimweh nach Kirgisien, wollte ihre dort gebliebenen Freunde und Verwandten wiedersehen. Doch das Dorf, wie auch das gesamte Land, veränderte sich drastisch. Alle Deutschen waren in Deutschland, die Russen wurden zum Wegzug nach Russland gezwungen. Mittlerweile lebten Uiguren in dem Dorf: „Ich dachte immer, wenn ich dort hinfahre, komme ich nicht mehr zurück, aber hier ist meine Familie. Nur deshalb bin ich hier geblieben und nicht gefahren." Die wirtschaftliche Lage in Kirgisien war sehr schlecht: „Auf dem Land lebten die Leute in Armut, sie wurden bestohlen, der Garten umgegraben und das Vieh weggefahren." Für einige Gruppen im Land wurden Erpressung und Entführung zu einer Art Geschäftsmodell. Frieda hatte Angst, als Geisel genommen zu werden: „Das hielt mich davon ab, zu fahren – alle wussten, dass ich aus Deutschland komme. Inzwischen gibt es auch niemanden mehr, zu dem ich dort fahren könnte."

Viktor Schmidt kam 1948 in einer deutschen Familie im Dorf Chmelewka, Sibirien, zur Welt. Über seine Eltern berichtet er: „Meine Eltern lebten an der Wolga. Im Krieg mussten sie binnen 24 Stunden ihr Dorf verlassen. Was sie in den Händen hatten und was sie mit den Händen tragen konnten, nahmen sie mit: Also uns Kinder und etwas zu essen. Sie wurden nach Sibirien, in das Dorf Chmelewka, gebracht."

Ein warmer Empfang blieb in Sibirien aus: „Meine Schwestern erzählten, dass, als wir untergebracht wurden, eine Frau mit einem Jagdgewehr herankam und sagte: ,Wir brauchen keine Faschisten in unserem Dorf!' Man erklärte ihr aber danach, was für ,Faschisten' da gebracht wurden. Die Erwachsenen wurden in die Arbeitsarmee gesteckt. Meine Mutter holten sie nicht, weil sie schwanger war, aber mein Vater musste gehen: nach Ural. Dort arbeitete er in einer Fabrik."

In Viktors Familie wurde deutsch gesprochen und als er in die Schule kam, konnte er auch kein Russisch. Die Grundschullehrerin schrieb in der Beurteilung: „Er verwechselt die Buchstaben ,3' und ,C' und schreibt auch ,sopaka' (etwa ,Hunt') statt ,sobaka' (,Hund'), was sich aus seiner deutschen Volkszugehörigkeit erklärt."

Первое время Фриде хотелось съездить домой, в Киргизию, повидаться с оставшимися там родственниками и друзьями. Но село, как и вся страна, очень сильно менялось. Все немцы были в Германии, русские были вынуждены переехать в Россию, теперь в селе жили уйгуры: «Я всегда думала, если туда поеду, больше не вернусь, а у меня здесь семья, и вот это меня удержало, и я не ездила». Экономическая ситуация в Киргизии была действительно очень тяжелой: «В сельской местности люди бедствовали, их обворовывали, огород выкапывали и скотину вывозили». Для некоторых групп граждан шантаж, кража людей становились бизнесом. Фрида боялась оказаться в заложниках: «Это меня удерживало, думаю, поеду, все ведь знают, что из Германии, и вот это меня удержало, я не ездила. А сейчас уже и не к кому».

Виктор Шмидт родился в деревне Хмелевка, в Сибири в 1948 году в семье немцев. О родителях вспоминает так: «Родители жили на Волге, и во время войны, за 24 часа должны были покинуть деревню. Что в руках было, что могли в руки взять, то и взяли с собой, то еесть детей и кое-что покушать. Их вывезли в Сибирь, в деревню Хмелевка».

В Сибири их не ждал теплый прием: «Сестры рассказывали, когда нас расселяли, то одна женщина вышла с охотничьим ружьем и сказала: «Нам не нужны фашисты в нашей деревне!». Но потом ей объяснили, что это за «фашисты» приехали. Взрослых отправили в трудармию: «Мать в трудармию не попала, потому что была беременная, а отца взяли, он оказался на Урале. Там он работал на заводе».

В семье Виктора говорили по-немецки, и, когда он пошел в школу, то русского языка не знал. Учительница в начальной школе в характеристике написала: «Путает букву «з» с буквой «с», а также пишет «сопака» вместо «собака», что объясняется национальностью «немец»».

Davon, dass viele Menschen mit deutscher Nationalität in der UdSSR lebten, wussten viele Bürger des Landes nichts: „Es gab so eine Geschichte, als ich bei der Armee war: Aus einer anderen Kompanie kam ein Soldat zu mir und wollte mich anschauen. Mein Familienname, Schmidt, fiel ihm sofort auf. Er wollte wissen, wie ich mit diesem Namen in die sowjetische Armee gekommen sei. Er wusste nicht, dass es viele Deutsche in Russland gab; er dachte, ich sei aus der DDR."

Viktors Nichte gehörte 1979 zu den ersten aus seiner Familie, die nach Deutschland ausreisten: „Früher war es sehr schwer, herauszukommen. Sie ließen niemanden gehen. Aber Anfang der neunziger Jahre, als wir fuhren, war es leichter. Es gab einen Massenexodus, plötzlich fuhren alle. Das war furchtbar – in unserem kleinen Dorf standen mit einem Schlag plötzlich mehr als 20 Häuser zum Verkauf. Über 20 Verkaufsanzeigen, alle fahren weg. Und wir? Wir sind auch gefahren. Wir haben unser Haus verkauft, das Geld an die Verwandten verteilt, da man nichts mit nach Deutschland nehmen durfte. Pro Kopf gab es einen festen Betrag: 250 D-Mark, also etwa 900 Rubel, und wir kamen zu fünft. Wir erhielten einen Scheck über 1.000 Mark, das waren ungefähr 4.500 Rubel – für russische Verhältnisse sehr viel Geld. Damals kostete ein Lada Shiguli so viel. Nach unserer Ankunft in Deutschland haben wir diese tausend Mark gleich wieder ausgegeben: Für's Hotel, es reichte für eine Woche."

Frieda wie auch Viktor ist überzeugt, dass sie mit der Ausreise nach Deutschland das Richtige getan haben. Viktor erklärt: „Unsere Eltern haben auch mehr als einmal alles verloren. Sie hatten gerade ein Haus gebaut, mit zwei Etagen, aus Ziegeln. Dann kam im August der Befehl, dass alle Deutschen innerhalb von 24 Stunden weggebracht werden müssen. Mein Vater hat das Haus mit seinen eigenen Händen gebaut und konnte nicht darin wohnen. Er starb daran. Dann Sibirien, dann Kirgisien. Als wir Kirgisien verließen, haben wir auch alles verloren, weil wir nichts mitnehmen durften."

О том, что с национальностью «немец» в СССР проживают, много людей подавляющие большинство жителей этой страны действительно не знали: «У меня в армии была такая история. С другой роты пришел один солдат, который хотел посмотреть на меня. Моя фамилия Шмидт сразу же бросалась в глаза. Его интересовало, как я с такой фамилией попал в ряды Советской Армии. Он не знал, что в России тоже есть немцы. Он думал, что я из ГДР».

Одной из первых в семье Виктора в Германию уехала его племянница – в 1979 году: «Раньше было очень тяжело уехать. Не отпускали тогда. А уже когда мы поехали, в начале 90-х, было легче. Начался просто массовый выезд, все стали выезжать. Это было ужасно – в нашем маленьком селе за один день было 20 с лишним объявлений о продаже домов. 20 с лишним объявлений! Все уезжают. Ну, а мы что? И мы поехали. Мы тоже дом продали, деньги раздали родственникам, в Германию везти нельзя было, была определенная сумма, на одного человека – 900 рублей, 250 немецких марок, нас было пятеро. Мы получили 1000 марок чеком. Это было примерно 4500 рублей. По российским деньгам очень большая сумма. В то время столько стоила машина «Жигули». Когда мы приехали в Германию, то эту тысячу сразу же отдали за гостиницу, только на неделю хватило».

И Фрида, и Виктор считают, что поступили правильно, переехав в Германию. Виктор объясняет: «Наши родители тоже не раз все теряли. Они только дом построили, двухэтажный, кирпичный. А тут в августе приказ: всех немцев за 24 часа вывезти. Мой дед строил дом своими руками, но так там и не смог пожить, погиб. Потом Сибирь, потом Киргизия. Когда мы уезжали из Киргизии, то тоже все потеряли, потому что ничего не могли с собой взять».

Die Beziehungen zu den einheimischen Deutschen sind gut: „Wir wohnen mitten unter Deutschen und können nichts Schlechtes über sie sagen. Wir werden zu jeder Feier eingeladen, alles ist gut.“

Familie Schmidt erfuhr von der Organisation ‚Zukunft für Ritschow‘ durch Bekannte. Um ein Haar hätte Viktor nach der Reaktorkatastrophe als Liquidator nach Tschernobyl fahren müssen: „Ich sollte als Fahrer dort hingeschickt werden, aber sie nahmen nur die ersten fünf, die auf der Liste standen.“ Die Liste war alphabetisch geordnet. Der deutsche Familienname Schmidt bewahrte ihn vor den möglichen Folgen eines Aufenthalts im radioaktiven Sperrgebiet von Tschernobyl. Familie Schmidt unterstützt die Organisation mit kleinen materiellen Zuwendungen.

Отношения с коренными немцами складываются хорошо: «Мы живем среди немцев, ничего плохого сказать не можем, они приглашают нас на каждый праздник, все хорошо».

Об организации «Будущее для Ричева» семья Шмидт узнала от знакомых. Виктор чуть было не оказался одним из ликвидатором последствий аварии на Чернобыльской АЭС: «Меня должны были отправить водителем, но взяли первых пять человек, которые были в списке». Список был составлен по алфавиту. Немецкая фамилия Шмидт спасла от возможных последствий пребывания в чернобыльской зоне. Семья Шмидтов оказывает организации небольшую материальную помощь.

Die Russlanddeutschen und das Ehrenamt

In der Sowjetunion gab es ehrenamtliche Tätigkeiten. In vielen Betrieben und Einrichtungen fanden regelmäßig Arbeitseinsätze statt, die so genannten „Subbotniks"[25]. Weit verbreitet war auch die Timur-Bewegung[26], an der sich die Schulkinder aktiv beteiligten. Obwohl die ehrenamtliche Arbeit offiziell einen freiwilligen Charakter hatte, empfand sie mancher doch eher als einen Zwang. Diese Ambivalenz im Verhalten und in der Meinungsäußerung war typisch für den Sowjetmenschen (Ledeneva 2014a, 2014b).

Was genau machte den „Sowjetmenschen" aus? In der Großen Sowjetischen Enzyklopädie wurde er definiert als eine „neue historische, soziale und internationale Gesellschaft von Menschen, die ein gemeinsames Territorium, ein gemeinsames Wirtschaftssystem, eine sozialistisch ausgefüllte Kultur, einen völkerverbindenden Bundesstaat und ein gemeinsames Ziel, den Aufbau des Kommunismus, besitzen". So entstand in der Sowjetunion im Verlauf mehrerer Jahrzehnte eine künstliche Identität: der *homo sovieticus*. Dabei wurden die kulturellen und sprachlichen Besonderheiten von über 100 Ethnien im Land, darunter auch der Deutschen, außer Acht gelassen.[27]

---

[25] Subbotnik: die unentgeltliche Durchführung einer gemeinnützigen Arbeit, beispielsweise an Schulen außerhalb der Unterrichtszeit oder in Betrieben außerhalb der Arbeitszeit, in einer Gruppe von Freiwilligen (dies fand meist samstags statt; Samstag heißt auf Russisch Subbota). www.gramota.ru

[26] Die „Timurhilfe" bestand in der unentgeltlichen Unterstützung Bedürftiger, zum Beispiel als Pate für einen Kindergarten oder ein Kinderheim, oder in der Betreuung von alten oder versehrten Menschen. Die Bezeichnung der Timur-Bewegung stammt aus der Erzählung von A. P. Gaidar „Timur und sein Trupp" (1940). Das Buch handelt von einem fiktiven Helden, Timur Garajew, der mit einer Gruppe von Freunden den Angehörigen von Soldaten hilft, die im Krieg dienen müssen.

[27] Der Soziologe Juri Lewada und seine Kollegen untersuchten ab 1989 eingehend den „Sowjetmenschen". Zu seinen typischen Eigenschaften zählen ein ambivalentes Bewusstsein, Paternalismus, Misstrauen und Abschottung (The Economist, 2011).

Российские немцы и общественная работа

Общественная работа была и в Советском Союзе. Многие предприятия и организации регулярно устраивали так называемые субботники[28]. Широко было развито и тимуровское движение[29], в котором активное участие принимали школьники. Несмотря на то что официально общественная работа носила добровольный характер, для некоторых она была, скорее всего, добровольно-принудительной. Такая двойственность в поведении и в оценках была свойственна советскому человеку (Ledeneva 2014a, 2014b).

Что именно входило в понятие «советский человек»? «Советский народ» Большая Советская Энциклопедия определяет как «новую историческую, социальную и интернациональную общность людей, имеющих единую территорию, экономику, социалистическую по содержанию культуру, союзное общенародное государство и общую цель – построение коммунизма». Таким образом, в Советском Союзе на протяжении нескольких десятилетий создавалась искусственная идентичность – *homo sovieticus* без учета культурных и языковых особенностей более 100 народностей, проживающих в стране, включая немцев.[30]

---

[28]   Субботник – это безвозмездное выполнение какой-либо общественно-полезной работы в сверхурочное время добровольным объединением людей (первоначально производившееся по субботам). www.gramota.ru

[29]   Тимуровское движение заключалось в безвозмездной помощи нуждающимся, например, шефство над детским садом или детским домом, забота о престарелых людях и инвалидах. Своим названием тимуровское движение обязано повести А.П. Гайдара «Тимур и его команда» (1940). В книге речь идет о вымышленном герое, Тимуре Гараеве, который вместе со своей командой помогает семьям военнослужащих.

[30]   Социолог Юрий Левада и его коллеги серьезно занялись описанием «советского человека» с 1989 года. Типичные черты – это амбивалетность сознания, патернализм, подозрительность и изоляционизм (The Economist, 2011).

Auch heute ist der Begriff des Ehrenamts nicht eindeutig geklärt.[31] Forschungen, die 2014 in Russland durchgeführt wurden, ergaben, dass die Befragten die Rolle von gemeinnützigen Organisationen und auch deren Zweckmäßigkeit skeptisch betrachteten (Denisova-Schmidt, 2014).

Die aktuelle Forschungsarbeit mit Russlanddeutschen, die sich in gemeinnütziger Arbeit einbringen, zeigt am Beispiel von „Zukunft für Ritschow" unterschiedliche Motive und Arten des Engagements auf. Neben dem Herzenswunsch, Bedürftigen zu helfen, vor allem Kindern, bietet dieses Ehrenamt außerdem die Möglichkeit, die einheimischen Deutschen näher kennenzulernen, ihre Mentalität zu verstehen sowie eine neue Identifikation zu finden und als Kenner der russischen und deutschen Sprache und Kultur Anerkennung zu erfahren. Vor allem die doppelte Identifikation (gebürtiger „Deutscher" in der UdSSR und dann plötzlich ein „Russe" in Deutschland) oder auch deren völliges Fehlen sind der erfolgreichen Integration in Deutschland nicht dienlich[32] (Baden 1997, Dietz 1995, Dietz 1999a, 1999b, 1999c, Dietz, Hilkes, 1993, Dietz, Hilkes, 1994, Dietz, Roll, 1998, Ipsen-Peitzmeier, Kaiser, 2006, Kiel, 2009, Markus, Schönhuth, 2015, Mukhina, 2007, Schneider, 1996).

---

[31] Diesem Thema wurde 2011 mit Unterstützung der Robert Bosch Stiftung eigens eine Konferenz mit Freiwilligen von „Zukunft für Ritschow" und Partnern aus Weißrussland gewidmet. Diese Veranstaltung trug viel dazu bei, die Motivation der deutschen Helfer deutlich zu machen und einige Missverständnisse auszuräumen. Die weißrussischen Partner suchen vorrangig nach dem rationalen Kern bei den Aktionen der deutschen Helfer von „Zukunft für Ritschow", während diese meist aus dem christlichen Antrieb, dem „Nächsten zu helfen" oder dem sehr deutschen Bedürfnis der „Wiedergutmachung" heraus arbeiten.

[32] Hierbei besteht auch noch das Problem der deutschen Selbstwahrnehmung in Bezug auf die eigene nationalsozialistische Vergangenheit (Theis, 2006).

Общественная работа не совсем понятна и сейчас.[33] Исследования, проведенные в России в 2014 году, показывают, что респонденты скептично оценивают роль общественных организаций, а также их эффективность (Denisova-Schmidt, 2014).

Данное исследование российских немцев, принимающих участие в общественной работе на примере организации «Будущее для Ричева», демонстрирует различные мотивы их вовлеченности. Кроме искреннего желания помочь нуждающимся, особенно детям, это еще и возможность поближе познакомиться с коренными немцами, понять их менталитет, а также найти свою новую идентичность, почувствовать свою собстенную значимость как знатока русской и немецкой культуры, русского и немецкого языков. Именно двойная идентичность («немец» по рождению в СССР, но вдруг неожиданно «русский» в Германии) либо ее полное отсуствие не способствует успешной интеграции в Германии[34] (Baden 1997, Dietz 1995, Dietz 1999a, 1999b, 1999c, Dietz, Hilkes, 1993, Dietz, Hilkes, 1994, Dietz, Roll, 1998, Ipsen-Peitzmeier, Kaiser, 2006, Kiel, 2009, Markus, Schönhuth, 2015, Mukhina, 2007, Schneider, 1996).

---

[33]   Данной теме была посвящена отдельная конференция между волонтерами организации «Будущее для Ричева» и белорусскими партнерами в 2011 году при поддержке Фонда Роберта Боша. Это мероприятие значительно помогло объяснить мотивацию членов немецкой организации и снять некоторые барьеры в понимании. Белорусские партнеры чаще всего ищут рациональное зерно в действиях немцев-волонтеров организации «Будущее для Ричева», хотя это чаще всего либо христианское – «помощь ближнему», либо чисто немецкое – «загладить чувство вины».

[34]   Здесь сказывается еще и проблема немецкой самоидентификации как таковой с ее национал-социалистическим прошлым (Theis, 2006).

Die UdSSR in den späten achtziger und frühen neunziger Jahren

Diese Zeit war für das gesamte Land sehr schwer: Es herrschte Krieg in Afghanistan (1979-1989) und auf der internationalen Bühne war die UdSSR teilweise isoliert. Hinzu kamen der Kampf gegen die Auswirkungen der Katastrophe von Tschernobyl, die Anti-Alkohol-Kampagne[35], der Verfall des Ölpreises sowie ein zunehmender Versorgungsmangel bei Lebensmitteln und Produkten des alltäglichen Bedarfs[36].

Ledeneva (1998, S. 45) führt bei ihrer Beschreibung des „Blats"[37] in der Sowjetzeit zur Veranschaulichung folgendes Beispiel an, wie in einer gewöhnlichen Familie der Alltag organisiert wurde:

Was?	Wer?
Essen	Ljubow Lasarewna
Chemische Reinigung	die große Ljuda
Toilettenpapier	die kleine Ljuda
Buch von F. M. Dostojewski	Olga Nikolajewna (Konfekt)
Konzertkarten	Irina Michailowna
Blumen	Iwan Kirillowitsch (Flasche)

---

[35] Beschluss des ZK der KPdSU über „Maßnahmen zur Bekämpfung von Trunksucht und Alkoholismus" vom 07.05.1985. Im Zuge dieser Kampagne wurden landesweit die Weingüter aufgelöst, die Likör- und Schnapsfabriken mussten ihre Produktion auf alkoholfreie Getränke umstellen. Alkohol wurde zur Mangelware, sein Preis stieg. Die illegale Herstellung, das Schwarzbrennen, nahm zu und auch die Todesfälle aufgrund des Konsums minderwertiger Erzeugnisse stiegen an.

[36] Von 1991 bis 1992 bestand ein System aus Zuteilungsmarken. Verbrauchsgüter wie Seife, Zahnpasta und Waschpulver, aber auch Grundnahrungsmittel wie Grieß, Butter, Zucker und Brot konnten nur gegen solche Marken gekauft werden.

[37] Blat: „Vitamin B" auf Russisch: die „Nutzung von Beziehungen zum Erhalt von Waren und Dienstleistungen unter Mangelbedingungen sowie die Lösung von Problemen unter Umgehung der formalen Regeln". (Ledeneva, 1998)

СССР конца 1980-х – начала 1990-х годов

Это было очень тяжелое время для всей страны: война в Афганистане (1979–1989) и частичная изоляция СССР на мировой арене, ликвидация последствий чернобыльской катастрофы, антиалкогольная кампания[38], падение цен на нефть, сильнейший дефицит продуктов питания и товаров народного потребления[39].

Леденева (1998, с. 45), описывая блат[40] в советское время, приводит в качестве иллюстрации пример того, как была организована повседневная жизнь обычной семьи:

Что?	Кто?
Еда	Любовь Лазаревна
Химчистка	Большая Люда
Туалетная бумага	Маленькая Люда
Книга Ф.М. Достоевского	Ольга Николаевна (конфеты)
Билеты на концерт	Ирина Михайловна
Цветы	Иван Кириллович (бутылка)

---

[38] Постановление ЦК КПСС «О мерах по преодолению пьянства и алкоголизма» от 07.05.1985 года. В следствие этой кампании по всей стране были ликвидированы виноградники, ликеро-водочные заводы должны были перестроится на выпуск безалкогольной продукции. Алкоголь стал дефицитным товаром, цены на него поднялись, увеличилось самогоноворение и смертность в результате употребления некачественных спиртных напитков.

[39] В 1991-1992 годах была введена талонная система. Потребительские товары, такие как мыло, зубная паста, стиральный порошок, а также основные продукты питания, например крупы, масло, сахар и хлеб, можно было купить только по талонам.

[40] Блат – это «использование связей для получения товаров и услуг в условиях дефицита, а также решение проблем в обход формальных правил» (Ledeneva, 1998).

Diese Liste verdeutlicht, wie schwierig es war, Lebensmittel, die Freizeitgestaltung und selbst Toilettenpapier eigenständig zu organisieren, ohne auf den „Blat" zurückgreifen zu müssen. „Konfekt" und „Flasche" in dieser Liste bedeuten, dass Olga Nikolajewna für die Beschaffung des Buchs von F. M. Dostojewski einen Süßigkeitenkorb erhalten sollte und dass Iwan Kirillowitsch, wenn er die Blumen beschaffte, mit einer Spirituosenflasche bedacht werden musste. Eine der im Interview befragten Familien erinnert sich an die Währungsreform von 1991, die so genannte Pawlow-Reform. Innerhalb von drei Tagen mussten die Bürger des Landes alle 50- und 100-Rubel-Banknoten der Ausgabe 1961 gegen Scheine der Serie 1991 tauschen. Pro Kopf durften maximal 1.000 Rubel eingetauscht werden. Viele Einwohner Südrusslands, Kirgisiens sowie Usbekistans arbeiteten in der Landwirtschaft, verkauften viel und verfügten nur über Bargeld: „Sie haben ihr ganzes Leben lang gehandelt, mit Rosinen, gedörrten Aprikosen, Weintrauben, mit allem, was in den Bergen wuchs und von ihnen geerntet und verkauft wurde. Und dann dieser Umtausch. Einige setzten danach ihrem Leben ein Ende, weil sie nun kein Geld mehr besaßen."

In vielen russlanddeutschen Familien ist man auch froh darüber, dass durch den Umzug nach Deutschland die Söhne vom Wehrdienst in den sowjetischen Streitkräften verschont blieben[41]. Weitere Familien betonen die Möglichkeit für ihre Kinder, dass sie ohne „Blat" und andere informelle Methoden eine Ausbildung oder ein Studium aufnehmen können.[42]

---

[41] Dedowschtschina, „Herrschaft der Alten": Physische und psychische Gewalt gegenüber Rekruten, eines der gravierendsten Probleme in der sowjetischen Armee.

[42] Besonders in den neunziger Jahren war es kompliziert, ein Studium aufzunehmen, ohne Beziehungen oder andere inoffizielle Wege zu nutzen. Jedem konnte der Zugang zur Bildung verwehrt bleiben: Sowohl leistungsstarken als auch leistungsschwachen Abiturienten.

Данная таблица означает, что продукты питания, досуг и даже туалетную бумагу трудно было организовать самостоятельно, не используя блат. «Конфеты» и «бутылка» в таблице означают, что, чтобы достать книгу Ф.М. Достоевского, Ольге Николаевне нужно было приподнести коробку конфет, а чтобы купить цветы, Ивану Кирилловичу нужно было еще поставить бутылку. Одна из интервьируемых семей вспоминает денежную реформу 1991 года, так называемую павловскую реформу. Граждане страны должны были в течение трех дней обменять пятидесяти- и сторублевые купюры 1961 года на купюры образца 1991 года. На одного человека разрешалось менять не более 1000 рублей. Многие жители юга России, а также Киргизии, Узбекистана занимались сельским хозяйством, много продавали и хранили деньги только наличными: «Они торговали всю жизнь, изюм, урюк, виноград, все, что в горах росло, то они собирали и продавали. А тут этот обмен. Потом некоторые даже жизнь самоубийством кончали, потому что у них деньги были, а тут раз, и все».

Многие семьи российских немцев рады тому, чтобы переезд в Германию смог уберечь сыновей от службы в рядах Советской Армии[43]. Другие семьи отмечают появившуюся для своих детей возможность поступления в вузы и в других учебные заведения, без использования блата и других неформальных способов.[44]

---

43   Дедовщина – физическое и моральное насилие над молодыми солдатами – одна из серьезных проблем Советской Армии.

44   Особенно в 90-е гг. было сложно поступить в вузы, не используя знакомства и другие формы. Доступ к образованию мог быть закрыт для всех: как для сильных, так и для слабых абитуриентов.

Fazit

In diesem Buch werden die Schicksale einiger Deutscher vorgestellt. Sowohl in den einstigen Sowjetrepubliken als auch in Deutschland hatten sie es nie ganz leicht im Leben. Dennoch sind sie nicht an ihren Schwierigkeiten zerbrochen. Die Übersiedlung nach Deutschland war ab den 1950er Jahren möglich, was jedoch nur wenigen auch tatsächlich gelang. Die große Ausreisewelle der Russlanddeutschen begann erst um das Jahr 1990. Dann machten sich aber nicht mehr nur Familien, sondern ganze Dörfer auf den Weg.

Die einheimischen Deutschen stellen sich oft die Frage, ob die Russlanddeutschen überhaupt richtige Deutsche seien. Die Zweifel machen sich häufig daran fest, dass die Russlanddeutschen die deutsche Sprache nicht vollumfänglich beherrschen. Erhalt und Pflege der Muttersprache sind in einer isolierten Situation jedoch praktisch unmöglich. Die Muttersprache ist kein Gesteinsblock, dem nie etwas zustoßen kann. Sie ist vielmehr eine empfindliche Pflanze, die viel guten Boden und reichlich Wasser braucht. Bis zum Kriegsausbruch lebten die Deutschen mehr oder weniger unter sich in einem einsprachigen, deutschen Umfeld. Durch die Deportation und die Jahre im Arbeitslager wurden sie jedoch alle zu Bilingualen, das heißt, zu Menschen, die gleichzeitig mit einem deutschen und einem russischen Sprachhintergrund lebten. Das Russische dominierte, war die Umgangs- und Verkehrssprache in den Bildungseinrichtungen und verdrängte allmählich das Deutsche. Ein ähnlicher Vorgang läuft derzeit auch bei den Kindern und Enkeln der Russlanddeutschen ab, die in Deutschland leben. Wenn diese heranwachsende Generation zumeist nicht mehr russisch lesen und schreiben lernt und keine russischsprachigen Länder bereist, werden auch sie diese Sprache eines Tages vergessen.

Doch nicht nur die Sprache bestimmt die Zugehörigkeit zu der einen oder anderen Volksgruppe. Der überwiegende Teil der Russlanddeutschen ist protestantischen Glaubens. In vielen Familien werden Kochrezepte der Vorfahren aufbewahrt sowie einige deutsche Traditionen aufrechterhalten. Beim Blättern in den Fotoalben einer Familie fiel mir eine Szene besonders auf:

Заключение

В книге показаны судьбы некоторых немцев. Жизнь их складывалась не совсем просто, как и в бывших республиках Советского Союза, так и в Германии. Но тем не менее трудности их не сломили. Уехать в Германию можно было начиная с конца 1950-х годов, но выехать из страны удавалось лишь немногим. Большое переселение немцев началось в конце 1980-х – начале 1990-х, когда уезжали не просто семьями, а целыми селами.

Коренные немцы часто задаются вопросом: а настоящие ли это немцы? Свои сомнения они в большинстве случаев аргументируют несовершенным владением российскими немцами немецким языком. Сохранить и развивать свой родной язык в условиях изоляции практически невозможно. Родной язык – это не монолит, с которым ничего не может случиться. Это очень хрупкий организм, которому нужны обильная почва и орошение. Если до войны немцы проживали достаточно обособленно в монолингвальной, немецкой среде, то после депортации и трудармии они все становились билингвами, то есть людьми, живущими одновременно в немецкой и русской языковой среде. Русский язык доминировал, был основным языком общеобразовательных учреждений и постепенно вытеснял немецкий. Похожая ситуация происходит сейчас и с детьми, внуками российских немцев, проживающими в Германии. Без обучения подрастающего поколения чтению и письму на русском языке, без поездок в русскоязычные страны этот язык тоже будет утерян.

Но не только язык определяет принадлежность к тому или иному народу. Большая часть российских немцев – протестанты. Во многих семьях сохранились рецепты старинных блюд, а также некоторые немецкие традиции. Например, когда я просматривала альбомы с фотографиями одной из семей, мне бросилась в глаза одна сцена:

Auf einer Hochzeit gratulierte eine betagte Verwandte dem Brautpaar. Die Jungvermählten trugen die Brautmode ihrer Zeit, während die alte Dame ein Kopftuch umhatte, wie es bei allen russischen Großmüttern üblich war. Aber die Art und Weise, wie sie dem jungen Paar gratulierte, entsprach ganz und gar nicht der russischen. Sie drückte sowohl dem Bräutigam als auch der Braut die Hand! Das Foto zeigte einen kräftigen Händedruck. Russische Frauen reichen beim Gratulieren nicht die Hand. Meist geschieht dies ganz ohne jedwede Gesten und vollzieht sich nur mit Worten oder Umarmen und Küssen. Zudem ist der Händedruck als Begrüßungsritual weder zwischen Frauen noch zwischen Frauen und Männern verbreitet.

Die in den Ländern der ehemaligen Sowjetunion geborenen Deutschen sind auch Deutsche, doch sie besitzen ihre eigene Geschichte, Sozialisation und haben sowohl russische als auch deutsche Sprachkenntnisse.

бракосочетание, одна пожилая родственница поздравляет новобрачных. Новобрачные одеты по моде тех лет, у пожилой родственницы на голове платок, как это было принято у всех русских бабушек. Но то, как она поздравляла молодую пару, совершенно не соответствовало русским традициям – она пожимала руку и жениху, и невесте! Фотография запечатлела крепкое рукопожатие. Русские женщины не подают руку, поздравляя кого-либо. Чаще всего это либо отсутствие каких-либо жестов, то есть просто слова, либо объятия и поцелуи. Более того, рукопожатие как ритуал приветствия среди женщин, а также в общении между мужчинами и женщинами тоже практически отсутствует.

Немцы, родившиеся в странах бывшего Советского Союза, это тоже немцы, но со своей историей, социализацией и знаниями русского и немецкого языков.

Literatur

Млечин, Л. Страна под замком // Огонек. 2014. №46. 24.11.2014 http://www.kommersant.ru/doc/2614861?isSearch=True (последнее посещение в апреле 2015)

Baaden A. Konzepte und Modelle zur Integration von Aussiedlern, Schriftenreihe zur Aussiedlerintegration, Band 8, Berlin: Institut für berufliche Bildung und Weiterbildung e.V., 1997.

Denisova-Schmidt E. Institutional Performance and Social Values in Russia. EU: ANTICORRP, 2014. http://anticorrp.eu/publications/report-on-russia/ (Letzter Besuch am 17.04.2015)

Dietz B. Zwischen Anpassung und Autonomie. Rußlanddeutsche in der vormaligen Sowjetunion und in der Bundesrepublik Deutschland. Berlin: Duncker & Humblot, 1995.

Dietz B. Integrationspolitik für Aussiedler: Krisenverwaltung oder konzeptioneller Neuanfang? // Friedrich-Ebert-Stiftung (Ed.). Perspektiven der neuen Aussiedlerpolitik. Bonn: Forschungsinstitut der Friedrich-Ebert-Stiftung, Abt. Arbeit und Sozialpolitik, 1999a. S. 19-28.

Dietz B. Aussiedlerintegration in Wirtschaft und Gesellschaft. // Barbasina E. et al. (Eds.). Die Rußlanddeutschen in Rußland und Deutschland. Selbstbilder, Fremdbilder, Aspekte der Wirklichkeit. Essen: Klartext, 1999b. S. 176-190.

Dietz B. Jugendliche Aussiedler in Deutschland: Risiken und Chancen der Integration. // Bade K. J., Oltmer, J. (Eds.). Aussiedler: Deutsche Einwanderer aus Osteuropa. Osnabrück: Universitätsverlag Rasch, 1999c. S. 153-177.

Dietz B., Hilkes P. Rußlanddeutsche. Unbekannte im Osten. Geschichte, Situation, Zukunftsperspektiven, 2., durchgesehene Auflage. München: Olzog, 1993.

Dietz B., Hilkes, P. Integriert oder isoliert? Zur Situation rußlanddeutscher Aussiedler in der Bundesrepublik Deutschland. München: Olzog, 1994.

Dietz, B., Roll, H. Jugendliche Aussiedler. Portrait einer Zuwanderergeneration, Frankfurt am Main: Campus, 1998.

Ipsen-Peitzmeier S., Kaiser, M. (Ed.). Zuhause fremd – Russlanddeutsche zwischen Russland und Deutschland. Bielefeld: transcript Verlag, 2006.

Kiel, S. Wie deutsch sind Russlanddeutsche? Eine empirische Studie zur ethnisch-kulturellen Identität in russlanddeutschen Aussiedlerfamilien. Münster/NewYork/München/Berlin: Waxmann, 2009.

Kompetenzzentrum für Integration. Geschichte der Russlanddeutschen. http://www.lum.nrw.de/zuwanderung/Aufnahmeverfahren_Spaetaussiedler/Geschichte_Russlanddeutsche/index.php (Letzter Besuch am 17.04.2015)

Kruse J. Qualitative Interviewforschung. Ein Integrativer Ansatz. Weinheim, Basel: Beltz Juventa, 2014.

Landesmuseum Württemberg. Im Glanz der Zaren: Die Romanows, Württemberg und Europa. Ulm: Süddeutsche V.-G, 2014.

Lastovka T. Arbeitsverweigerung (tunejadstvo) in der Sowjetunion 1961-1991: juristische Theorie, soziale Praxis und kulturelle Repräsentation. St. Gallen: Universität St. Gallen (HSG), 2012.

Ledeneva A. Russia's Economy of Favours. Blat, Networking and Informal Exchange. Cambridge: Cambridge University Press, 1998.

Ledeneva A. The Ambivalence of Blurred Boundaries: Where Informality stops and corruption begins?. RFIEA Perspectives, 12 (hiver | winter 2014-2015), 19-22.

Ledeneva A. Economies of favors or corrupt societies: Exploring the boundaries between informality and corruption. // Baltic Worlds, 2014b, 1. P. 13–21.

Markus K., Schönhuth M. (Eds.). Zuhause? Fremd? Migrations- und Beheimatungsstrategien zwischen Deutschland und Eurasien. Bielefeld: transcript Verlag, 2015.

Mukhina I. The Germans of the Soviet Union. London: Routledge, 2007.

Museum für russlanddeutsche Kulturgeschichte. http://russlanddeut sche.de/menu/veranstaltungen/aktuelle-veranstaltungen.html #42_1428317461569 (Letzter Besuch am 17.04.2015)

The Economist. The long life of Homo sovieticus. Dec 10th 2011 http://www.economist.com/node/21541444 (Letzter Besuch am 17.04.2015)

Theis, S. Religiosität von Russlanddeutschen. Stuttgart: W. Kohlhammer Verlag, 2006.

Schneider, S. Der Einstellungswandel in der bundesdeutschen Bevölkerung zur Einwanderung deutschstämmiger Aussiedler im Zeitraum zwischen 1988 und 1990. Über die Aktualität der Kategorien zur Handlungsanalyse von Vilfredo Pareto. Frankfurt am Main u.a.: Lang, 1996.

Williems, J. Lutheraner und lutherische Gemeinden in Russland. Eine empirische Studie über Religion im postsowjetischen Kontext. Erlangen: Martin-Luther-Verlag, 2005.

Hochzeit. Die Eltern von Paulina Keil, 1941.
Свадьба. Родители Палины Кайль, 1941.

Die Familie von Frieda Schmidt (unten in der Mitte), 1956.
Семья Фриды Шмидт (середина, нижний ряд), 1956.

Die Familie von Viktor Schmidt (3. von links, oben), 1958.
Семья Виктора Шмидта (3-й слева в верхнем ряду), 1958.

Grabmal. Der Großvater von Paulina Keil.
Могила. Дедушка Палины Кайль.

Das Leben in der Sowjetunion (Жизнь в Советском Союзе)
Kindergarten (Детский сад)

Neujahrsfest. Natalie Schmidt, 1982
Новый Год. Наталья Шмидт, 1982

Neujahrsfest. Die Tochter von Paulina Keil, 1985.
Новый Год. Дочь Палины Кайль, 1985.

Natalie Schmidt, 1982.
Наталья Шмидт, 1982.

Natalie Schmidt, 1983.
Наталья Шмидт, 1983.

Alexander Schmidt, 1977.
Александр Шмидт, 1977.

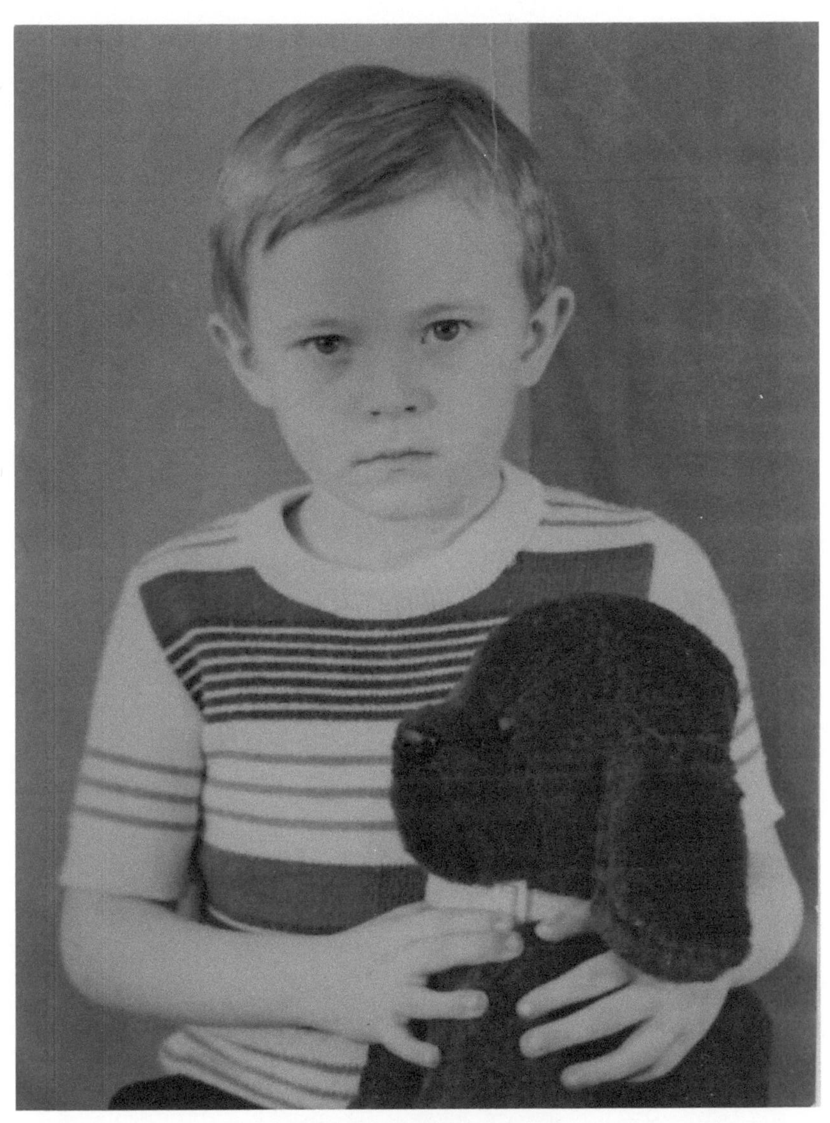

Alexander Schmidt, 1978.
Александр Шмидт, 1978.

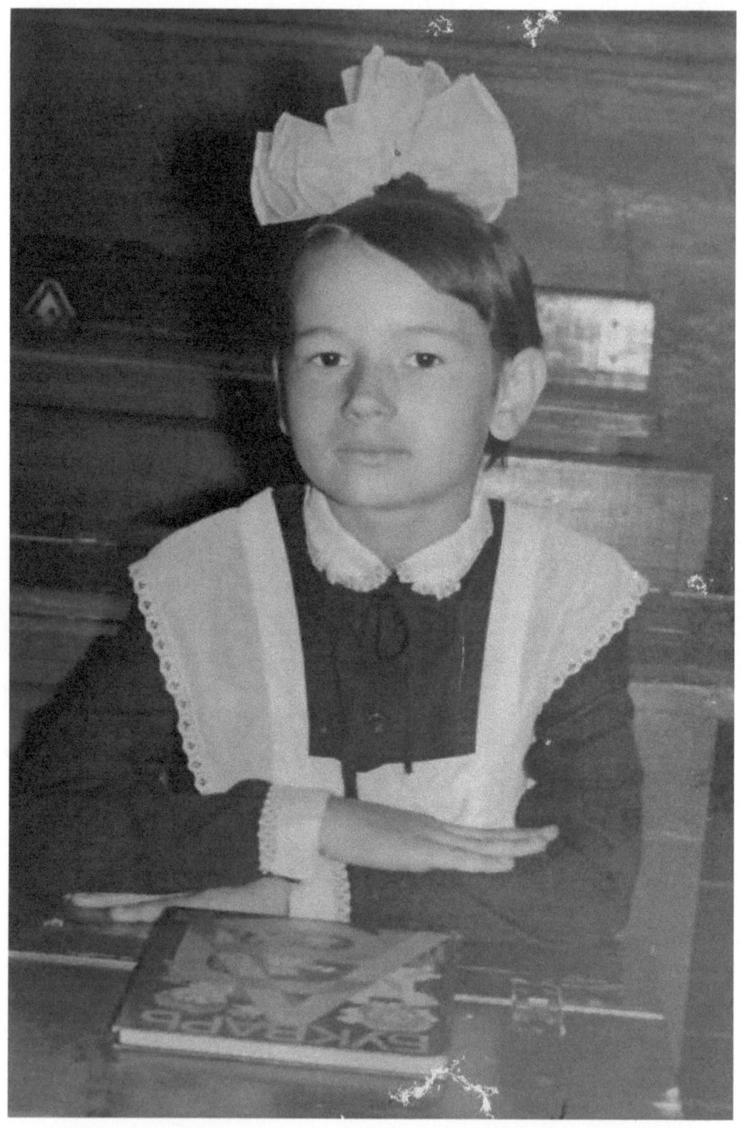

Der erste Schultag. Die Tochter von Paulina Keil, 1985.
Первый день в школе. Дочь Палины Кайль, 1985.

Der letzte Schultag. Paulina Keil (1. von links, unten), 1967.
Последний звонок. Палины Кайль (1-ая слева, внизу), 1967.

Das Leben in der Sowjetunion (Жизнь в Советском Союзе)
Ausbildung (Учеба в техникуме)

Waldemar Bauer (rechts), 1978.
Вальдемар Бауер (справа), 1978.

Tatjana Bauer, 1979.
Татьяна Бауер, 1979.

Waldemar Bauer (2. von rechts), 1978.
Вальдемар Бауер (2-ой справа), 1978.

Das Leben in der Sowjetunion (Жизнь в Советском Союзе)
Hochzeit (Свадьба)

Irina und Wilhelm Felde

Ирина и Вильгельм Фельде

Das Leben in der Sowjetunion (Жизнь в Советском Союзе)
Urlaub (Отпуск)

Frieda und Viktor Schmidt mit Kindern, 1987.
Фрида и Виктор Шмидты с детьми, 1987.

Das Leben in der Sowjetunion (Жизнь в Советском Союзе)
Alltag (быт)

Das Haus von Paulina Keil in Kulaninka (Holstein) bis 1989.
Дом Палины Кайль в Куланинке (Хольштайне) до 1989.

Das Haus von Irina Felde bis 1990.
Дом Ирины Фельде до 1990.

Brunnen im Dorf Alexeewka, Heimatort von Waldemar Bauer, 2010.
Колодец в деревне Алексеевка, родина Вальдемара Бауера, 2010.

Das Haus von Wilhelm Felde (in der Mitte) bis 1990.
Дом Вильгельма Фельде (в центре) до 1990.

Das Leben in Deutschland (Жизнь в Германии)
Die ersten Tage im Lager (Первые дни в лагере)

Familie Bauer mit Kindern, 1991. Семья Бауеров с детьми, 1991.

Insel Mainau (Остров Майнау)

Familie Felde mit Kindern, 1998. Семья Фельде с детьми, 1998.

Wilhelm Felde in seiner Werkstatt
Вильгельм Фельде в мастерской

Familie Alexander Baev
Семья Александра Баева

Tatjana und Waldemar Bauer
Татьяна и Вальдемар Бауер

Familie Bauer zu Besuch in Weißrussland, 2011.
Семья Бауеров в гостях в Белоруссии, 2011.

Ausflug der Familie Bauer mit weißrussischen Gastmädchen, 2010
Семья Бауеров на экскурсии с белорусскими детьми, 2010

Die Familie von Olga Greune
Семья Ольги Гройне

Olga Greune und ihr Ehemann mit Kindern: Max (Sohn), Mascha
(weißrussisches Gastkind), Lisa (Tochter), Wanja (weißrussisches
Gastkind) (von links nach rechts)
Ольга Гройне с мужем и с детьми: Макс (сын), Маша (гостья из
Белоруссии), Лиза (дочь), Ваня (гость из Белоруссии) (слева
направо)

Familie Anna und Aleksej Gref
Семья Анны и Алексея Грефов

Paulina Keil
Палина Кайль

Die Schule in Kulaninka (Holstein), 2008.
Школа в Куланинке (Хольштайн), 2008.

Familie Natalie und Eugen Schmidt
Семья Натальи и Евгения Шмидтов

Alexander Schmidt
Александр Шмидт

Alexander Schmidt mit seiner Ehefrau und Freunden des Vereins
„Zukunft für Ritschow", 2010.
Александр Шмидт с женой и с друзьями организации «Будущее
для Ричева», 2010.

Götz-Achim Riek

Die Migrationsmotive der Rußlanddeutschen

Eine Studie über die sozial-integrative, politische, ökonomische und ökologische Lage in Rußland

ISBN 3-89821-009-X

554 S., Hardcover Leinen, € 54,80

Erhältlich in jeder Buchhandlung oder direkt bei

ibidem

Die Rußlanddeutschen sind die derzeit größte Einwanderungsgruppe in Deutschland. Vorurteile sind schnell zur Hand, wenn es um Zuwanderer geht, egal, ob mit oder ohne deutschen Paß. Wer aber sind die sogenannten fremden Deutschen? Wie haben sie in Rußland gelebt? Mit welchen Hoffnungen und Erwartungen kommen sie nach Deutschland? Götz-Achim Riek untersucht, aus welchen Gründen die Rußlanddeutschen in die Bundesrepublik einwandern.

Um die Migrationsmotive der Rußlanddeutschen herauszufiltern, wurden umfangreiche Daten ausgewertet, die sich mit der sozial-integrativen, politischen, wirtschaftlichen und ökologischen Lage der Rußlanddeutschen in Rußland beschäftigen. Die Integration und nationale Selbstidentifikation der Rußlanddeutschen wird genauso untersucht wie die Nationalitätenkonflikte, die Rolle der Religion und der deutschen Sprache. Die politische Instabilität Rußlands und der wirtschaftliche Niedergang stellen bei der Migration der Rußlanddeutschen ebenso wichtige Gründe dar wie die Einkommensverhältnisse, die zunehmende Arbeitslosigkeit oder die anhaltende Diskriminierung der Deutschstämmigen. Nicht zuletzt werden die Autonomiebewegung der Rußlanddeutschen, die finanziellen Hilfen der Bundesregierung und die ökologische Lage in Rußland unter die Lupe genommen.

Götz-Achim Riek schließt mit der vorliegenden Arbeit nicht nur eine Forschungslücke um die Migrationsmotive der Rußlanddeutschen; vielmehr ist die Studie auch für Politik und Medien sowie für die Aussiedlerarbeit nützlich. Weiterhin zeigt sie als umfassendes Nachschlagewerk auch den Leserinnen und Lesern, die im Alltag mit Aussiedlern zu tun haben, welche Motive bei der Aussiedlermigration eine Rolle spielen. Denn nur wenn die Migrationsmotive und damit die Erwartungshaltung der Einwanderer klar umrissen ist, kann die Integrationsarbeit am richtigen Punkt ansetzen. Nur dann können aus hoffnungsvollen Einwanderern zufriedene Bürger werden, die sich nicht als Migrationsverlierer fühlen.

Der Autor: Götz-Achim Riek, Jahrgang 1965, studierte Politikwissenschaft und Anglistik an der Universität Stuttgart und in Cambridge (UK). Er arbeitet bei SWR International, der Ausländerredaktion des Südwestrundfunks in Stuttgart. Als Referent wurde er schon öfters zu wissenschaftlichen Migrationstagungen eingeladen. Seine Themenschwerpunkte sind die internationalen Migrationsbewegungen, die Einwanderungspolitik in Deutschland sowie die Situation der Rußlanddeutschen in Rußland und Deutschland.

ibidem-Verlag • Melchiorstr. 15 • 70439 Stuttgart • Tel.: 0711/9807954 • Fax: 0711/8001889
ibidem@ibidem-verlag.de

***ibidem*-Verlag**

Melchiorstr. 15

D-70439 Stuttgart

info@ibidem-verlag.de

www.ibidem-verlag.de
www.ibidem.eu
www.edition-noema.de
www.autorenbetreuung.de